图解 **精益制造** *087*

用BOM整合供应链生态

BOM（部品表）再構築の技術

[日] 三河进 著

赵婉琳 译

人民东方出版传媒
People's Oriental Publishing & Media
东方出版社
The Oriental Press

前　言

• 重建BOM的指南、实践手册

市面上有许多关于物料清单（以下简称"BOM"）基础知识的书籍和文章，却没有一本关于BOM解决方案、BOM重组实践或案例研究的出版物，这是我写本书的契机之一。

BOM指构成产品的零件清单，涵盖生产管理和生产计划的主要信息。然而，在过去的十年时间里，制造行业的环境在不断变化发展，导致BOM所扮演的角色更加多样化，它的管理过程也更加复杂化。

环境变化的例子有很多，如企划、销售、开发、生产、服务等业务流程的全球化，以及由此产生的产品种类的增加、开发周期的缩短、开发和生产流程的分散化。此外，还有加强汽车行业的合规性以防止大规模召回事件的发生，以及物联网和人工智能等新技术的涌现等。

从项目执行的角度来看，项目规划和落实的难度明显增加了。自"雷曼事件"之后，可以说，对业务改革和信息系统投资的战略性要求、投资效果的评价变得更加严峻了。

我一直在从事为制造业提供咨询的工作，咨询项目的侧重点也在不断变化。"雷曼事件"发生之前，业务改革和项目规划的目标多以特定的业务部门和部门的业务系统为主。但是后来这些项目慢慢淡出视野，现在大部分是针对具有开发、销售、生产技术、制造和服务等跨部门的企业整体，或者面向包含海外基地在内的全球企业集团优化的业务改革和系统构建的项目。

这就要求制造业的经营企划人员和信息系统人员具备前所未有的技能，如项目规划能力、业务分析能力、解决对策的创新能力、项目领导能力，以及诉求较强的演讲能力等。

本书介绍了五种问题解决模式，以"雷曼事件"后发生的BOM重建项目的真实案例为主题进行整理而成。其目的，是为读者朋友们提供一些思路和方法，如BOM作用的具体变化、制造业为实现企业集团整体最优化而进行的制造业务改革和系统搭建的方式、项目的推进方法、实际操作的技术手法和工具等。

● 管理问题的解决方法和日常实际问题的解决方法

要想真正开展项目，必须同时应对管理问题和业务问题，从大局出发提出解决问题的流程。此外，还要具备相关知识，确保决策的准确性以解决日常发生的实际问题。

本书的特点是针对以上内容，用"正文"和"解说"两种方式提供信息。

"正文"部分以项目推进的案例为基础，介绍了BOM重建

前言

的背景、环境变化、引发的问题、解决问题的方法、项目推进的方法以及活动机制按问题解决模式进行整理后的结果。

"解说"部分主要叙述了按目的类别划分的 BOM、零件编码规则、BOM 的历史数据管理、BOM 的管理系统功能、模块化设计方法、业务需求定义的方法、RFP（需求建议书）的记录等非一般流通的 BOM 的技术诀窍和在项目现场诞生的实用工具。

此外，我还总结了设计 BOM 重建项目时读者容易出错的点，以及成功的企业法则（即常见的失败模式和不应该做的事情）。

● 阅读本书的三类读者群体

适合阅读本书的三类读者群体如下。

第一类是企业经营层高管和业务高管。本书为其提供了其他行业和同行业的改革动机、制造流程改革，以及信息系统投资的主题设定方法案例等信息。

第二类是从事制造业的业务改革和系统搭建的从业人员，也是本书的主要读者群体。本书为其提供了改革主题设定、项目策划和推进，以及与 BOM 相关的技术诀窍等信息。

第三类是从事解决问题的所有人员。我希望不局限于 BOM 的课题，能通过咨询的方式为他们在项目解决方案的创建过程中提供一些参考。

最后，我想借此机会对帮助我撰写、出版本书的多方人士，衷心地表示感谢。

针对以 BOM 重建为主题的项目推进和解决问题的方法问题，我与客户和项目组成员进行了长时间的讨论，并最终得以从实务角度准确表达出了这个概念。此外，我还收到了很多热心读者对这一概念的积极评价。

需要注意的是，本书的最后一章是我在《日经 X 技术》上发表过的系列文章《制造工艺改革的利与弊》的节选内容，且在出版过程中进行过补充和更正。日经 BP 社的木崎健太郎先生以及所有相关人士曾在网上多次确认过我所写的 BOM 和开发生产的相关文章，并爽快地允诺了可以在本书中转载。

感谢 NEC 的 Obbligato 业务相关人士和咨询业务部门、PLM 项目小组成员，他们从繁忙的工作中抽出宝贵的时间，给予了我许多有益的建议。

我还要感谢日本能率协会的渡边敏郎先生，是他给予了我此次写作的机会。而且，在本书的策划和长达九个月的漫长写作期间，他经常给我建议和鼓励。

没有各位的大力支持和厚爱，我不可能写成这本书。

三河进

目 录

序　章　迫切需要重建 BOM 的理由 ……………… 001
- 1 BOM 在制造业中的作用 ………………………… 003
- 2 现在重建 BOM 的必要性 ………………………… 006
- 3 五种问题解决模式 ………………………………… 015

第 1 章　通过 BOM 重建加强全球制造 ……………… 023
- 1 固定的开发、生产基地图和当地规则 …………… 025
- 2 实现加强全球化制造的目标（1）………………… 028
- 3 实现加强全球化制造的目标（2）………………… 031
- 4 以流程标准化为前提的 BOM 重建项目 ………… 034
- 5 业务流程的标准化逻辑 …………………………… 037
- 6 全球产品编码规则的标准化 ……………………… 042
- 7 制定路线图 ………………………………………… 055

第 2 章　更换主机是 BOM 重建的契机 ……………… 067
- 1 主干系统与业务发展速度不匹配 ………………… 069

I

- **2** 项目改革的确立和准备 ················· 072
- **3** 单一 BOM 产生的问题 ················· 076
- **4** 目的多元的 BOM 的理念和效果分析 ········· 087

第 3 章　以设计 BOM 为轴心的技术信息管理和投资回报率评价 ················· 097

- **1** 海外市场的不断扩大导致获取技术信息的时间增加 ································· 099
- **2** 以设计 BOM 为轴心的技术信息管理的框架 ······· 102
- **3** 全球技术信息门户网站的理念 ············· 112
- **4** 定量效果的推定方法 ·················· 116

第 4 章　通过模块化设计和 BOM 重建实现多品种化、缩短过程周期 ················· 121

- **1** 获取全球市场、加强竞争力 ·············· 123
- **2** 改革理念 1：价值链的目标 ·············· 126
- **3** 改革理念 2：模块化设计的导入 ············ 131
- **4** 模块化试验的启动 ··················· 135
- **5** 固定、变动分析和决策表的制作 ············ 139
- **6** 新业务理念的具体化 ·················· 152
- **7** 按目的类别划分的 BOM 之间的协作 ·········· 158
- **8** 模块化设计改革的执行 ················· 164
- **9** 效果验证 ························· 169

第 5 章　脱离图纸文化 ·········· 173
1 技术和生产协作流程中发生的问题 ·········· 175
2 改革理念的假说 ·········· 179
3 实现改革理念 ·········· 185

第 6 章　BOM 重建项目的设计 ·········· 191
1 BOM 重建项目的总体流程 ·········· 193
2 构思企划阶段的推进方式 ·········· 201
3 项目目的设定的要点 ·········· 204
4 项目目标设定的要点 ·········· 206
5 现状分析的要点（定性分析） ·········· 209
6 现状分析的要点（定量分析） ·········· 212
7 解决方案制定的要点 ·········· 218
8 效果分析的要点 ·········· 221
9 项目计划立项的要点 ·········· 230
10 构思企划的报告形式 ·········· 233

终　章　企业成功改革制造流程的七大通用法则 ·········· 239
1 法则 1　有明确的改革理念 ·········· 241
2 法则 2　找出解决本质问题的方法 ·········· 244
3 法则 3　落实量化成功标准和结果指标的时间节点式管理 ·········· 247
4 法则 4　创建加速决策的执行机制 ·········· 250
5 法则 5　经营层要保持对改革的兴趣 ·········· 255

6 法则6　事务局要促进部门之间的协调 ················ 258
7 法则7　定期、持续发布改革信息 ····················· 261
8 七大通用法则的自行检查建议 ························· 265

序　章

迫切需要重建 BOM 的理由

本章要点

　　BOM（Bill of Material，物料清单）具体指零件清单或材料清单，是构成产品的零件列表。本章涉及三个要点：

　　首先，本章针对制造业为什么离不开BOM以及它的目的和作用进行了说明。

　　其次，近年来重建BOM的企业逐渐增多，本章对其重建背后的原因、未来和展望进行了描绘。

　　最后，本章对重建过程中产生的问题和解决方案进行了分析，总结出五种问题解决模式，具体如下：

1. 面向全球开发、生产的通用模式。
2. 从单一BOM模式转型为目的多元的BOM的改革模式。
3. 技术信息全球化的一元管理模式。
4. 样式多元化和缩短开发周期阶段的并存模式。
5. 跳出图纸文化的脱离模式。

　　第一章开始会详细介绍各部分的具体内容，本章则主要介绍这些模式的适用问题范围、企业特征，以及相关概念的主旨内容。

　　最后，我会针对提高项目改革成功概率提出一些建议。

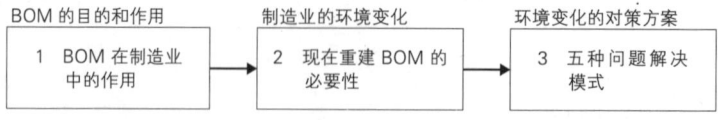

1 BOM 在制造业中的作用

BOM 是构成产品的零件列表。制造业为何离不开它？它对业务流程又有何贡献？

● 并行工程的基本内涵

产品的品质和成本在设计阶段就能基本确定。从产品开发的初期阶段创建的用于模拟产品构成的 BOM，其目的在于通过添加附加信息共享设计成果，追踪项目进展情况。

如果由一个人负责设计，那么在设计阶段就不需要创建 BOM。然而现实是，几乎所有的企业都会在跨越设计部门的团队或其他部门中推进并行工程。例如，委派 10 人团队设计一个由 5 个零件构成的产品时，如果没有 BOM，设计师便无从得知其他设计师目前设计到哪一个零件，唯有逐一确认，才能掌握整个项目的进度。而且，企业有时还会从开发的初期阶段开始探讨如何并行推进产品设计和产品生产技术。在这个过程中，BOM 也会成为共享图纸和 3D 模型的关键，推动并行工程的展开。

完成图纸之前，80%的产品成本已经确定。从降低成本的角度来看，在图纸确定前充分讨论要比图纸确定后再讨论更好。BOM 的作用主要是记录目标成本、预算成本、实际成本，并管理每个项目的完成度。成本是通过生产技术和采购情况估算出来的，因此在图纸完成前，相关人员会跨越部门限制，共享BOM 中记录的成本信息，一同探讨。

● 生产管理流程中的核心信息

BOM 属于生产管理流程中的核心信息，企业会在它的基础上有计划地开展生产活动：设计部门负责提供 BOM 和图纸，以此为依据，工厂会完成生产管理专用的 BOM；采购部门负责追加采购设计部门未指定的配件、削减企业采购不需要的配件数量、制定采购的周期标准等；生产技术部门负责记录生产工艺中必需的半成品设定、进度信息和标准操作时间等。

BOM 的精度越高，生产过程的精度就越高。反之，一旦 BOM 的精度降低，就会产生很多问题，如增加手动管理的负担、产生失误，最终导致生产无法顺利进行。

● 提高维护和服务品质的精度

生产的产品出货后或停产后，维护和服务将继续跟进。如微笑理论曲线（在产品开发的上流和下流中能够产生最高利润率的模式）所述，很多企业会凭借维护和服务业务提升利润率。其中，提供复印机调色剂等消耗品、为机床等生产装置提供维修零件等均属于此范畴。

BOM 能为维修零件提供一份供给配件明细。如果制造生产设备等的订购生产型的厂家能够在维护和服务时精准指定出货的产品的构成，就能够实现维修时间的缩短和保养记录的精准管理等。就这样，BOM 为打造长期稳定的客户关系作出了突出贡献。

图表 1 整理出了 BOM 在各项业务流程中的作用，可以供相关人士参考确认。

图表 1：BOM 在各项业务流程中的作用

业务流程	作用
研发、设计	研发讨论、团队设计、并行工程 零件种类和数量削减 为产品代码、零件代码进行编号 产品功能和构成管理 成本企划（按零件种类设定成本） ……
生产	工程信息管理 采购、库存管理中的半成品种类设定 内部制作和外包的设定 预估物料所需数量 不同产品的成本核算 拟订生产计划 拟订采购计划 指示生产 ……
维护、服务	指定维修零件（编码） 管理出货构成 管理维修记录 ……

2 现在重建 BOM 的必要性

BOM 曾广泛应用于企业的设计、生产、维护的过程中。近年来，由于制造业所处的环境发生了翻天覆地的变化，企业中新增了许多重建 BOM 的项目。其必要性如下文分析。

● 全球分散的开发和生产流程

开发和生产流程的国际化是重建 BOM 的契机。汽车行业厂商、电器厂商、产业机械厂商等在全球开展业务的企业都会产生这一问题。

同十几年前相比，制造业的海外生产比例得以大幅提升。图表 2 是日本大型汽车厂商——丰田汽车在日本国内和海外的汽车生产数量比例变化柱状图。图表 2、图表 3 分别是我基于丰田汽车 HP 公开信息、日本财务省公布的"贸易统计"数据整理而成。它们不是完整统计（因为没有找到后来公布的数据），但我想谈的是趋势问题，这些数据完全可以说明问题。汽车行业向海外转移生产的速度总体比较平缓，但是丰田汽车的海外生产比例却在 2002 年时达到了 38%，2017 年达到了 65%，15 年间增长了 27%。并且，作为其汽车零件厂商的供应商也紧随

序章　迫切需要重建 BOM 的理由

图表 2：丰田汽车在日本国内和海外的汽车生产数量比例变化柱状图

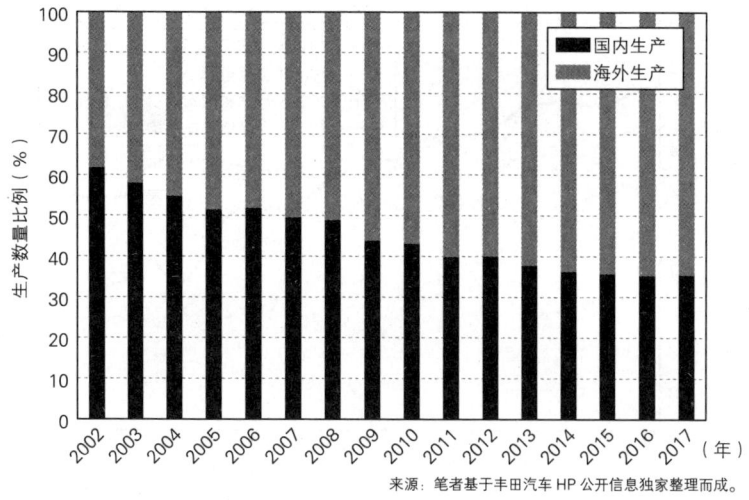

来源：笔者基于丰田汽车 HP 公开信息独家整理而成。

其后，建立了自己的海外生产工厂。

除此以外，我们还能看到组装类产品的贸易结构也发生了巨变。图表 3 是电器和电子行业的贸易竞争优势指数变化。贸易竞争优势指数的公式是：贸易竞争优势指数 =（出口额−进口额）÷（出口额+进口额），出口较多要+1，进口较多要−1，进出口平衡则结果接近 0。因为出口比例越多得数越大，所以这个公式也可以作为国际竞争力的指标（参考：金融信息网站"iFinance"）。

参考图表 3 可知，家用电器在 1988—2017 年的指数从 0.6 跌至−0.7，音响和摄影器材由 0.85 跌至−0.4，两者均有大幅下降。进口增长的原因主要有两点：一是日本企业进口其在海外生产的产品，二是外资产品进口有所增加。从贸易结构来分析，

007

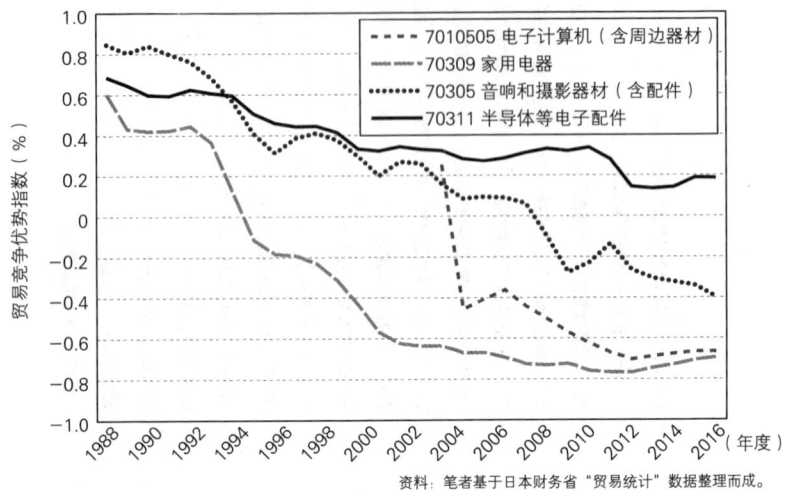

图表3：电器和电子行业的贸易竞争优势指数变化

资料：笔者基于日本财务省"贸易统计"数据整理而成。

也可以说是生产基地在向海外转移。

值得注意的是，很多日本企业在中国和欧美等国家建设生产基地。一旦基地建成，它们便会开始推进面向当地市场的开发和生产业务。

当然，一旦在全球开展开发和生产业务势必会产生一个新课题，即因权限分离而产生个体最优化。因为原本同为一家企业，所以即便生产基地不同也要生产出同等品质的产品。而为了实现这一目标，就必须整合和控制每个生产基地指定的本地流程和规则。

例如，每个基地的材料采购和生产设备都会存在一定的差异，即便参考的是同一张图纸，也无法用同一个零件和同样的工艺进行生产。当日本供应的零件和当地采购的零件出现细微

序章　迫切需要重建 BOM 的理由

的精度差异时，必须就"制作新图、不制作新图""对零件编码进行分类、不对零件编码进行分类"进行判断。因地制宜的判断将产生按生产基地进行区分的本地规则。在全球化的开发和生产中，诸如此类的当地规则管控问题堆积如山。

以上，我尝试举出了一个案例。类似的问题造成了 BOM 在全球化开发和生产中的复杂化。

• 大规模的召回行动

大规模的召回为重建 BOM 提供了契机。在汽车行业中，超大规模的召回行动是一个多发问题，因为汽车行业是层级体系结构，所以波及范围较广。一家零件厂商既可以给电器工厂或产业机械工厂提供零件，也可以给汽车行业开发、生产模块和零件，所以很多企业不会对召回事件持事不关己的态度。

图表 4 是日本国土交通部发表的汽车召回次数和召回数量的比重。从近几年的趋势（含预测）来看，召回次数并没有大幅增长，但是召回数量有明显增加。这是单次召回汽车的数量急速增加导致的。

产生这种现象的另一个原因是汽车厂商提供的模块和零件可以适应不同的车型。有报告指出，近期汽车零件厂商之间的全球化竞争越发激烈，为了降低成本，各家交付的零件的通用程度越来越高，这是大规模全球召回事件爆发的一大诱因（参考文献：《日经 Automotive》2015 年 9 月刊）。

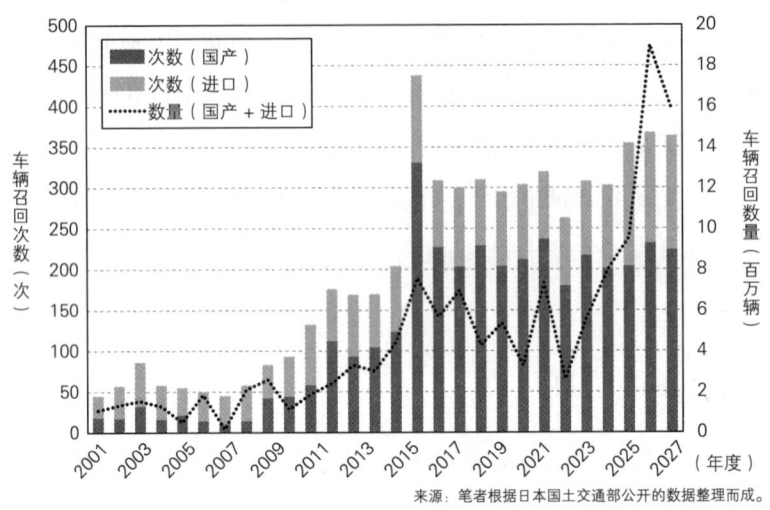

图表4：汽车召回次数和召回数量的比重（含预测）

来源：笔者根据日本国土交通部公开的数据整理而成。

面对这些问题，日本采取了制定法律和企业配合这一双管齐下的方法。图表5是2015年日本实行的法律修正案。修正前，法律只要求汽车厂商必须直接向日本国土交通部报告，零件厂商没有直接回应汽车厂商的义务。修正后，法律要求零件厂商也必须履行向政府汇报的义务。

此外，在企业配合方面，则要求企业大力加强可追溯性管理。这是企业针对报告义务采取的一种应对方式，但是当问题出现时，企业还是希望能在最大限度上降低对自身的影响。所谓可追溯性管理，是指一种锁定问题产生原因的能力，它记录并追踪整个生产过程中出现的批次和编号的物资采购情况、生产条件、设计和生产流程的变化。如果可追溯性记录不齐全，出现品质问题，最坏的情况就是更换全部可疑的模块和零件。

序章　迫切需要重建 BOM 的理由

图表 5：汽车产业中的法律修正案（措施）

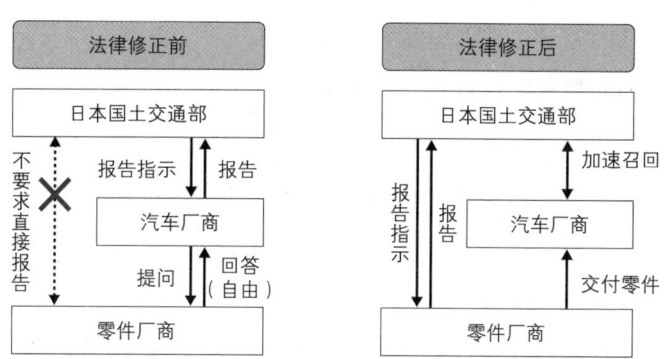

来源：《道路运输车辆修正案通过：零件厂商成为强制调查对象》，2015 年 6 月 17 日，日本经济新闻，晚报第 3 页。

反之，如果具备详细的可追溯性的分析能力，企业就能在短时间内锁定有问题的零件和工序，将损失控制在最小范围内，向政府和汽车厂商解释时也会十分清晰明了。

加强可追溯性管理，在 BOM 上的主要表现是零件编码（也称零件编号）和版本管理措施，以及实绩收集的措施等。接下来，我将介绍一个 BOM 的对策方案案例。

以往为了降低 BOM 更新的工作负荷，即便产品的形状发生更改，只要能够保证零件的通用性不变，企业就不会做任何修正。但是近年来的流行趋势有了转变，无论多么细微的更改都要进行版本升级。虽然升级会增加设计变更和更新 BOM 的操作负荷，但是作为强化可追溯性管理的措施，这种做法是十分值得推崇的。

再来看零件编码的对策。即便使用同一张图纸，只要供应商、生产设备或工序不同，就要考虑区分零件编码的方法。这

011

样一来，仅通过查看零件编码就可以直观地识别出供应商和生产条件的差异，从而提高可追溯性。

即便想按照以往的生产条件进行编码，也会因为全球水平不同无法统一化管理、满足客户诉求而按照当地的规则来实施。因此，为了加强企业整体水准的可追溯性，可以考虑按不同生产条件编码规则确定出统一标准。通过这个方法，可以实现实绩收集过程和系统的统一。

零件编码和修订管理的规则变更会对BOM及其关联系统产生很大的影响。而当以往的规则碰触到可追溯性对策的界限时，BOM重建就成了不可或缺的应对方案。

• 技术的进步

最后，我想谈一下随着技术的不断进步，BOM重建的可能性和前景。

今天，我们经常能听到IoT（物联网）和AI（人工智能）这样的词。而且，不少经营者考虑运用这些技术来改善开发和生产的流程。

图表6是一种创造新价值的模式，即通过IoT连接全世界的生产设备，再用AI分析收集到的数据结果。一旦开展全球化生产，从制造管理的观点来看，日本总部工厂将很难把控每一个细节。但是通过灵活运用技术，就可以实时把控远在海外生产基地的生产流程了。经营者即便身处会议室也能监控海外工厂

序章　迫切需要重建 BOM 的理由

图表 6：IoT 和 AI 在制造流程中的应用

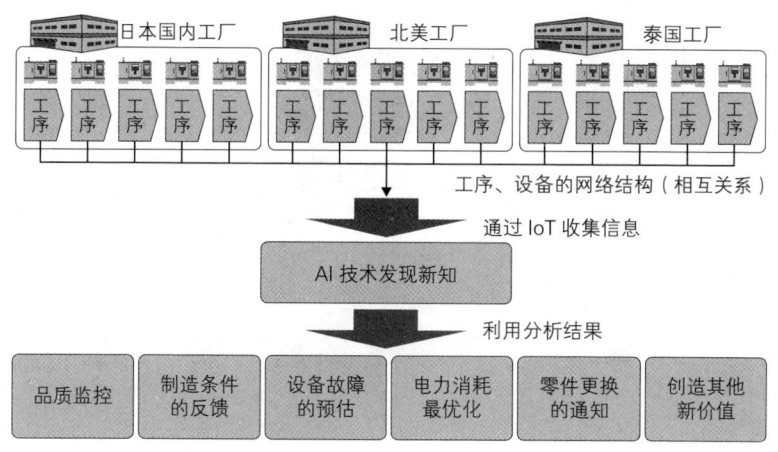

的生产状况，了解生产线和设备的运转状态，并且对跨基地的生产流程提出最优化和平准化的指令。

此外，每个生产基地的成本情况是确定最佳生产基地和绩效的重要信息，必须精准掌握。企业可以使用 IoT，以全球标准化的方式获取实际生产能力（作业时间和设备运转时间），进而捕捉实际成本。

图表 7 是一种先进模式，是与产品改良相关的品质管理机制。该模式经由 IoT 从零件的测定结果中收集品质记录和制造条件等信息，然后将 AI 分析得出的结果反馈给设计部门和生产技术部门。

利用该模式可以掌握设计和生产技术、企业设定的设计标准和制造条件标准值的实际数据。因为各个生产基地的生产设备和工序不同，所以要了解这些差异对最初设计的产品有什么

013

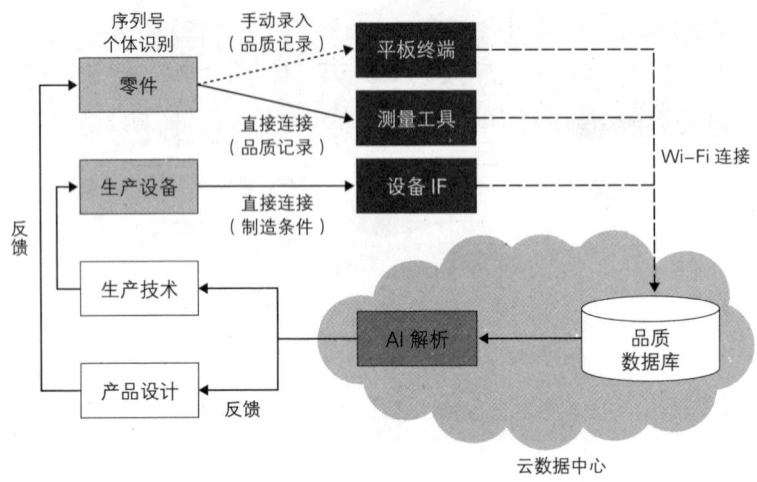

图表 7：利用 IoT 和 AI 的品质管理机制先进模式

样的影响。对于加快 PDCA 开发周期和提高技能来说，这是有用的信息。

我建议企业关注以活用最新技术为目的的 BOM 重建，因为在不远的将来，它会成为一种趋势。

3 五种问题解决模式

此前,我一直采取专属定制的模式支持各种产品开发流程的改革项目。现在,我尝试把曾经的项目按照类型分类,针对 BOM 重建问题整理出五种问题解决模式。

• 面向全球开发、生产的通用模式

第一种是"面向全球开发、生产的通用模式",主要适用于解决短期内无法实现全球信息化程度的整合或组织架构的重组问题。例如,一些在全球开展开发和生产业务的工厂拥有多个业务部门,它们普遍想要推进业务流程和 IT 系统的本土化。近十年来,此类项目案例多以电机制造商和汽车零件制造商为主。

这类主题的案例都有一个共同点,即它们会向业务部门或海外的开发和生产基地转让权限,通过这种自律的方式扩大自己的事业领域。其弊端是业务流程被个别优化,需要导入多个 IT 系统并产生许多当地规则。如果业务开展顺利,这些做法不会产生任何困扰,但一旦业务环境发生变化,就很容易出现问题,因为组织架构和业务僵化会妨碍组织架构和业务内容重建工作的顺利开展。

尤其是汽车行业，其重大课题是如何应对大规模的召回问题，需要全球步调一致，共同应对困难。而每个生产基地自行制定的当地规则是一个巨大的障碍，它会导致企业一直处于无法一次性完成制定对策的状态。

为了解决这个问题，企业首先需要提取业务流程和规则中的组织差异，对其进行标准化，然后重新构建 BOM。

在本书第 1 章介绍的问题解决模式中，我想基于几个主题，按一般情况对项目的推进方式和解决理念提出建议，借此阐明 BOM 重建的相关基础知识。

• 从单一 BOM 模式转型为目的多元的 BOM 的改革模式

第二种是"从单一 BOM 转型为目的多元的 BOM 的改革模式"，适用于解决企业对产品作出一个 BOM 定义，导致各种业务效率低下和准确度下降的问题。据我观察，目前在制造行业中，超过半数的企业都在使一个产品对应一个 BOM，用主机进行管理。

"单一 BOM"是指企业中只有一个定义产品的 BOM。当然，这是最佳状态，如果可以用一个 BOM 来定义产品，就应该这样做。但是，现如今组织架构日益复杂，一般都是同一系列的产品分别由多个工厂生产。而且，为了缩短开发周期，还需要各部门之间互相协作，共同负责设计、生产技术、采购和生产管理等工作。这些情况的增加，会带来单一 BOM 难于管理的

序章　迫切需要重建 BOM 的理由

情况。

例如，设计部门要用 BOM 管理一个有很多替代品的电子零件。在"日本国内工厂为了采购方便而选择其中一个"或"在海外工厂选择其他零件"的情况下，BOM 会因为部门或生产基地不同而异，只能分别进行管理。而且，在并行工程中很容易产生这样的矛盾：设计部门希望用最新修订版本的零件来定义产品构成，但是生产工厂希望用生产时的修订版本的零件来管理产品构成。

本书第 2 章着重介绍了基于半导体制造装置厂商案例的问题解决模式。在这一章，我想介绍一种改善的理念和推进方法。改善的理念是指通过从单一 BOM 到特定用途的 BOM 的分离提高业务的效率和精准度。推进方法是指在项目中要如何实现这个改善的理念。

• 技术信息全球化的一元管理模式

第三种是"技术信息全球化的一元管理模式"，旨在短时间内对全球分散的技术信息进行一元化管理。这个模式适用于解决已经按部门或生产基地分别管理信息技术，但希望在短时间内实现全球技术信息资源共享的问题。

在大多数的企业中，技术信息管理是以某种方式进行的，且它们在全球的每个生产基地都有技术信息管理系统和文件服务器。其官方绘制的图纸大部分都是集中管理的，但是由于产品开发过程中产生的技术信息种类过多,所以大部分信息会交由制作部门负责管理。

然而,由于在每个部门和生产基地都安装了技术信息管理系统,所以为了确保安全,产生了无法从其他部门和生产基地轻松获取信息的问题。

本书第3章将着重介绍在短时间内集成、聚合、集中管理技术信息管理系统和文件服务器的问题解决模式。

此外,第3章还提出了一种投资回报方法。在投资信息系统时,如何解释这一问题困扰着起草负责人。投资可以通过定义需求和从系统供应商那里获得估算来获得,但定量效果的重点是客观地量化事件并说服他人。第3章解释了其中的细节。

• 样式多元化和缩短开发周期阶段的并存模式

第四种是"样式多元化和缩短开发周期阶段的并存模式"。在B2B接单生产的商业模式中定制生产较多,所以从订货到交货的周期会变长。这种模式适用于那些由于成本上升而丧失自身竞争力的企业。

很多人认为样式繁多的定制生产和缩短过程周期(Lead Time)是两个互相矛盾的概念,但是B2B的商业模式几乎都要面对这个难题。例如,一个设备制造商想要接到订单就必须接纳公司标准外的要求,这就是所谓的"定制生产"。而实现定制生产自然需要设计定制的图纸,分别采购所需的零件。而且,零件交付后，还必须一边看图纸一边组装，分步骤地执行每个流程。这样一来，过程周期势必会变长。虽然很多企业能够接收订单，但这会给负责人带来沉重的负担，如设计和生产现场的加班问题等。而一旦定制中出现品质问题，企业还会面临返工和信誉受损等风险。

本书第 4 章围绕通过模块化设计实现规格多样化、缩短交货期的案例，说明项目推进的方法和理念。此外，在销售过程中建议采用引导式销售，即在能够采用标准模块组合的生产方式的前提下接收订单。在"解说"中，我将介绍导入模块设计的基础知识和分析工具。

• 跳出图纸文化的脱离模式

第五种是"跳出图纸文化的脱离模式"，适用于设计部门不制作 BOM，图纸完成后由生产管理部门制作生产 BOM 的企业。这种类型的企业在出图前的阶段中没有 BOM，也没有可用于开发小组之间沟通或和其他部门进行协作、实施并行工程的信息基础。因此，设计部门、采购部门、生产技术部门需要通过当前阶段的图纸、表格等各部门制作的文件和讨论内容进行高强度的反复磨合，提高设计的完成度。

本书第 5 章围绕以加工工序为核心竞争力的汽车零件制造商的案例，介绍了对 BOM、制造工序和制造条件进行体系化管理的技术信息管理理念。一般而言，设计 BOM 中不包含零件的加工工序。但该问题解决模式舍弃了固有观念，主张从设计阶段开始就将制造工序、设计参数和制造条件视为管理对象，支持内部协作、共同开发。

此外，本书第 5 章还对专业技术人员的知识和技术的形式知化提出一些建议。事实上，制造业中普遍存在专业人员的技能传承问题和设计、生产的协同作业效率问题。

值得一提的是，本书还会介绍生产管理的协作过程、项目的推进方法，以及 BOP（工程表）的基本概念。

• 当前进行中的 BOM 重建项目

以上介绍了"五种问题解决模式"的大致内容，但这些并没有回答所有"现在需要进行 BOM 重建的原因"。也就是说，为了应对制造行业的环境变化，企业正在推进各种 BOM 重建项目，而未来有可能出现更多的问题解决模式。

实际上，我在本书中最想强调的是第 6 章"BOM 重建项目的设计"和终章"企业成功改革制造流程的七大通用法则"。

如果本书的读者是一位策划业务改革的负责人，那么在他读完本书的第 5 章后会如何设计、策划和执行自己负责的项目呢？在我看来，项目都是独家定制的，试图还原同一个项目的推进方法来解决一切问题几乎是不可能的。即便能适应这种问题解决模式，也还是需要根据行业和各自的企业文化来调整重点。

终章是我总结自身经验整理出的企业在制造流程改革中取胜的七大法则。实际上，这些法则是从结果不太理想的案例中挑选出来的，也许称之为"企业失败的七大法则"更加准确。

虽然我希望所有的项目都能成功，但现实中也不乏无法获取最初设定的目标成果的案例。我通过分析认为，这些项目失败的原因在于没有在实践中很好地应用七大法则。而在成功的项目中，有一点十分令人惊讶：经营层和项目组长，还有事务局的员工们都具备实践成功法则的素养。对我而言，还有许多需要学习的地方。

希望本书讲述的问题解决模式、成功法则能为负责项目策划或实践操作的读者朋友们提供一些有益的参考，提高项目成功的概率。

第 1 章

通过 BOM 重建加强全球制造

本章要点

本章介绍了 A 公司在整个集团开展 BOM 重建项目的过程。我将按照项目进展顺序进行一一解说，并且补充解释 BOM 等基础概念。

- 改革的背景：为什么 A 公司需要重建 BOM？介绍成立项目的动机。
- 项目愿景：为了加强全球制造，决定引入"全球整合 BOM"的理念。主要说明其重点和目标。
- 项目方法：以多个业务主体、流程标准化为前提，说明项目的推进方法和包括海外基地在内的路线图规划。
- 标准化要素：从业务流程和全球产品编码两个角度进行讲解。
- 产品编码和 BOM 的概念：在补充评论的同时加深理解。

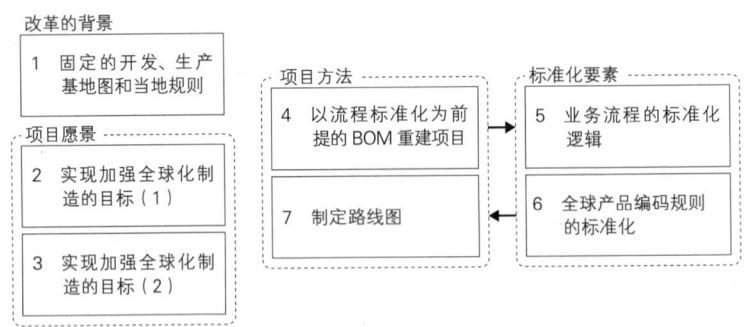

1 固定的开发、生产基地图和当地规则

阻碍组织架构整合的当地规则及其产生的原因是什么？

• A 公司面临的问题

本章所讲的内容是第一种问题解决模式，介绍了电机制造商 A 公司为强化全球制造而重建 BOM 的商业案例。A 公司拥有许多按产品分类（如工业和汽车行业使用的电子产品等）的业务部门，在日本和海外生产基地生产的产品会销往日本国内、海外的企业和消费者。

A 公司以往在日本国内开发和生产，主要在日本国内开展业务。但是后来为了降低成本，其以亚洲为中心建立了多家工厂，价值链转变成向日本国内反向进口的模式。而且，如图表 8 所示，A 公司还在海外设立了市场营销和开发基地，积极推进权限转让，力图扩大海外市场的销售额。

此外，A 公司认为业务部门的成长能带动整个企业的成长。最终，不同产品类别的业务部门和生产基地加强了整合管理的关系，形成了固定的开发和生产版图。

图表8：A公司的价值链和全球商务的变化

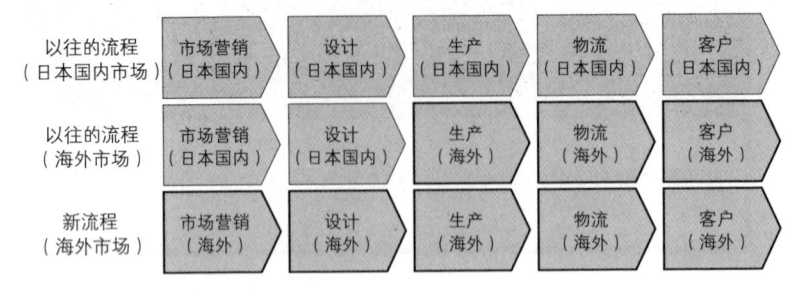

以往的流程 (日本国内市场)	市场营销 (日本国内)	设计 (日本国内)	生产 (日本国内)	物流 (日本国内)	客户 (日本国内)
以往的流程 (海外市场)	市场营销 (日本国内)	设计 (日本国内)	生产 (海外)	物流 (海外)	客户 (海外)
新流程 (海外市场)	市场营销 (海外)	设计 (海外)	生产 (海外)	物流 (海外)	客户 (海外)

但是，每当A公司的整体增长速度放缓时，都要对特定产品的业务部门和生产基地进行整合或重组。图表9是重组业务部门和生产基地时出现的新的生产委托关系。虽然整合组织很容易，但真正整合业务流程需要花费一定的时间，因为不同产品的业务部门在开发过程中会出现个别优化，且与生产基地之间会产生固定化的关系，导致开发和生产流程要适用当地的规则和专用信息系统。

例如，从各业务部门使用的3D/2DCAD、PDM（产品数据管理）系统、产品编码规则、设计变更流程、生产管理系统等中可以看出其中的差异。这是因为在业务部门、工厂进行组织架构重组或新品生产委托时，整合业务规则、标准化流程和系统需要消耗大量的时间和成本，会给业务展开带来"瓶颈"。

● 项目启动

在这样的背景下，A公司的经营者当机立断，成立了项目

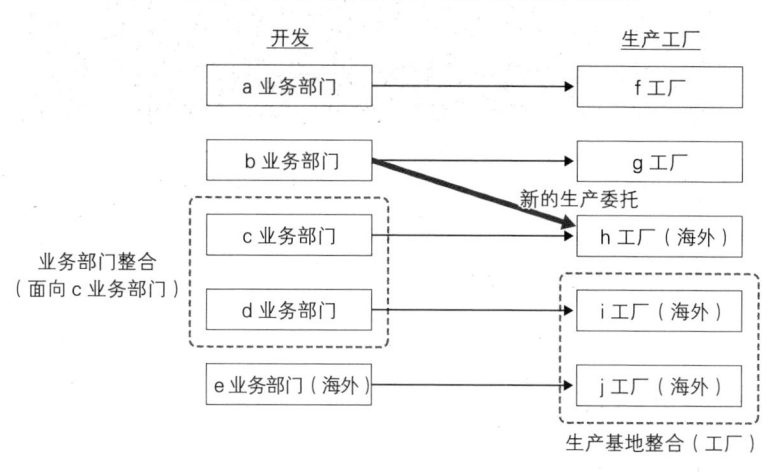

第 1 章 通过 BOM 重建加强全球制造

图表 9：固定化的开发、生产基地图和组织整合的动向

```
        开发                        生产工厂

      ┌──────────┐              ┌──────────┐
      │ a 业务部门 │ ──────────→ │  f 工厂  │
      └──────────┘              └──────────┘

      ┌──────────┐              ┌──────────┐
      │ b 业务部门 │ ──────────→ │  g 工厂  │
      └──────────┘   \          └──────────┘
                      \ 新的生产委托
     ┌─ ─ ─ ─ ─ ─ ─┐   \        ┌ ─ ─ ─ ─ ─ ─ ─ ─┐
     │┌──────────┐│    →       │┌──────────────┐│
业务部门整合│ c 业务部门 ││ ──────────→│ h 工厂（海外）││
（面向 c 业务部门）└──────────┘│           │└──────────────┘│
     │┌──────────┐│            │┌──────────────┐│
     ││ d 业务部门 ││ ──────────→││ i 工厂（海外）││
     │└──────────┘│            │└──────────────┘│
     └─ ─ ─ ─ ─ ─ ─┘            │                │
      ┌──────────────┐          │┌──────────────┐│
      │ e 业务部门（海外）│ ────→ ││ j 工厂（海外）││
      └──────────────┘          │└──────────────┘│
                                └ ─ ─ ─ ─ ─ ─ ─ ─┘
                                  生产基地整合（工厂）
```

组，以期强化全球开发和生产的基础。该项目组团队成员的使命是在全球范围内对开发、生产流程及技术信息的管理和分发规则进行标准化，最大限度地利用管理资源，以加强组织整合和生产基地之间的交易的灵活性。

2 实现加强全球化制造的目标（1）

强化制造的"全球整合 BOM"的理念是什么？

• **改革的理念**

起初，项目组创建了一个改革理念，向经营者进行了具体的解释说明（图表 10）。

改革前的业务模式如图表 10 左侧所示。按产品类别划分的业务部门负责开发工作，生产基地则负责接收业务部门发布的与开发相关的技术信息，并以此为依据进行生产作业。开发和生产基地有相对固定的关系，a、b、c、e 各业务部门开发出的产品原则上需要由各自对应的 f、g、h、j 工厂进行生产。

如果生产工厂的开工率很高，那么固定化的关系不会成为问题。但一旦特定产品的销售停滞，工厂就会面临开工率降低的风险。

• **利用"全球整合 BOM"实现技术信息的集成管理**

改革后的业务模式如图表 10 右侧所示，目的是消除开发与

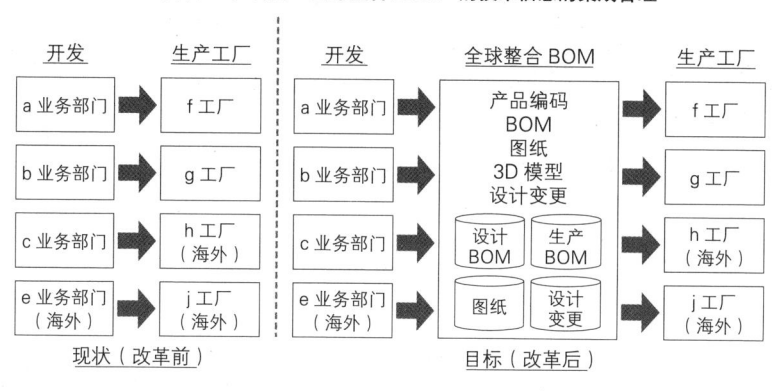

第 1 章　通过 BOM 重建加强全球制造

图表 10：利用"全球整合 BOM"的技术信息的集成管理

开发	生产工厂		开发	全球整合 BOM	生产工厂
a 业务部门	f 工厂		a 业务部门	产品编码 BOM 图纸 3D 模型 设计变更	f 工厂
b 业务部门	g 工厂		b 业务部门		g 工厂
c 业务部门	h 工厂 （海外）		c 业务部门	设计 BOM　生产 BOM	h 工厂 （海外）
e 业务部门 （海外）	j 工厂 （海外）		e 业务部门 （海外）	图纸　设计 变更	j 工厂 （海外）
现状（改革前）			目标（改革后）		

生产的固定关系的相互制约。图表 10 右侧中间的内容是"全球整合 BOM"的理念，其以 A 公司集团整体标准化的产品编码为关键，对零件信息、设计 BOM、生产 BOM、图纸、3D 模型和设计变更等技术信息进行了集成管理。

此外，储存在这里的技术信息都要符合产品编码规范、管理属性、文件体系、文档模板等的标准化规则，这使得业务部门之间更容易共享和利用技术信息，在基地之间传递技术信息、促进协作，并能在短时间内整合业务部门和生产基地。

而且，对于生产基地而言，由于实现了技术信息标准化，其能够按照统一格式和流程接收信息，设计变更的联络方式也不必再依赖业务部门。如此一来，生产基地也能提高生产产品的准备工作的效率。

"全球整合 BOM"的标准规则限制对全球标准、业务部门标准、不同生产基地的特定规则进行了分层，给业务部门和生产基地留出了自由掌握的空间。例如，BOM、图纸、3D模型、设计变更、文件等技术信息的编码规则、管理属性和格式都是全球统一标准，但是在开发阶段可以自由选择3DCAD和CAE等开发工具。同样，项目管理系统和CAD数据管理系统也可以自由选择，甚至连生产阶段都可以自由选择生产管理系统（主机和ERP包）。只要符合标准规则，就可以充分使用现有系统，无须再导入符合全球标准的新系统，进而将投资成本控制在最小范围内。

至于数据格式，"全球整合BOM"的3D模型和2D图纸采用的并不是CAD原生数据，而是全球标准化的轻量级中间格式。因此，即便没有特定的CAD的授权，工厂也可以通过查看器参照，并且可以压缩数据的大小。

综上，项目组可以灵活利用既有流程和系统提出投资成本和控制措施的相关方案。

3

实现加强全球化制造的目标（2）

全球共享生产实绩的效果和前提条件是什么？

• 开发和生产基地之间的信息共享

项目组从其他角度提出了问题。该问题与在全球共享零件库存和采购相关的生产实绩信息有关，我将通过以下调查结果的概要进行解释说明。

A 公司的现状如图表 11 左侧所示。开发和生产基地之间会互相确认生产状态，沟通的主要方式是电话、邮件和碰头会等。

- 开发负责人从生产基地的生产管理负责人处获取库存信息，寻找发布设计变更通知的合适时机。
- 开发负责人通过电话或邮件获取零件购买交易成本的实际信息，预估报价并拟订成本计划。
- 为了避免缺货风险，生产工厂的采购部门通过电话或邮件与其他生产基地的零件管理负责人确认库存信息。

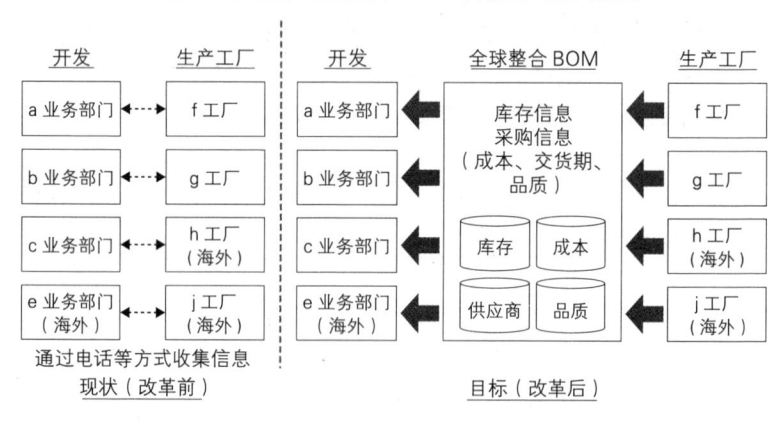

图表11：通过"全球整合BOM"实现生产信息可视化

```
    开发            生产工厂              开发         全球整合BOM        生产工厂

┌─────────┐      ┌─────────┐        ┌─────────┐    ┌─────────┐      ┌─────────┐
│a业务部门 │◄----►│ f 工厂  │        │a业务部门 │◄──►│ 库存信息 │◄────►│ f 工厂  │
└─────────┘      └─────────┘        └─────────┘    │ 采购信息 │      └─────────┘
                                                    │(成本、交货期│
┌─────────┐      ┌─────────┐        ┌─────────┐    │  品质)   │     ┌─────────┐
│b业务部门 │◄----►│ g 工厂  │        │b业务部门 │◄──►└─────────┘◄────►│ g 工厂  │
└─────────┘      └─────────┘        └─────────┘                     └─────────┘

┌─────────┐      ┌─────────┐        ┌─────────┐    ┌────┐ ┌────┐    ┌─────────┐
│c业务部门 │◄----►│ h 工厂  │        │c业务部门 │◄──►│库存│ │成本│◄──►│ h 工厂  │
└─────────┘      │ (海外)  │        └─────────┘    └────┘ └────┘    │ (海外)  │
                 └─────────┘                                         └─────────┘

┌─────────┐      ┌─────────┐        ┌─────────┐    ┌────┐ ┌────┐    ┌─────────┐
│e业务部门 │◄----►│ j 工厂  │        │e业务部门 │◄──►│供应商│ │品质│◄──►│ j 工厂  │
│ (海外)  │      │ (海外)  │        │ (海外)  │    └────┘ └────┘    │ (海外)  │
└─────────┘      └─────────┘        └─────────┘                     └─────────┘

通过电话等方式收集信息
    现状（改革前）                              目标（改革后）
```

• 阻碍信息共享的两个问题

如果可以通过数据共享全部信息，那么传递信息不再需要经由人。但是，A公司存在的两个问题阻碍了生产信息的共享。

第一个问题是生产工厂中有当地产品编码的存在。某生产工厂自行定义的生产编码（工厂会在设计编码的基础上，按照自己的规则增加一行编码）与开发定义的产品编码（此处称为"设计编码"）不同。

举个例子。

设计编号：A001

生产编号：A001-001（从供应商X处采购的零件）

A001-002（从供应商Y处采购的零件）

在这种规则下，为了便于区分从多家企业处采购的零件，A

第1章 通过BOM重建加强全球制造

公司设定了按供应商划分的生产编码。

第二个问题是生产工厂独自导入了 ERP 系统或生产管理系统。工厂基本上不会公开生产实绩信息，A 公司需要提出获取信息的请求。

● 以全球规则标准化为前提

根据以上调查结果，项目组经营者提出了同时将生产工厂产生的生产实绩信息反馈到"全球整合 BOM"上的建议，主张在内部实现信息共享（图表 11 右侧）。此外，项目组还阐述了落实建议对未来发展的意义。

· 考虑实际生产基地的策划成本（成本目标管理）。
· 考虑生产基地剩余库存的设计变更时机。
· 把握不同生产工厂之间的生产成本差异。
· 跨生产基地共享采购成本，实现全球最低采购价格。
· 控制全球库存到最低限度，提高使用效率等。

但是，实现上述理念的前提条件需要额外增加两点：一是生产编码运用规则的全球标准化；二是生产实绩的公开规则的标准化。

4 以流程标准化为前提的BOM重建项目

当业务流程和规则因组织而异时,促进BOM重建的措施和程序是什么?

●推进项目的四个阶段

为实现上述改革理念,必须统一产品编码、业务流程和各个生产基地的信息公开规则的标准。如果这是以一个业务实体为对象的BOM重建项目,那么从构思企划阶段或者要件定义阶段就可以开始筹划了。但是,此处提及的项目对象是指多个业务实体,由于其存在固有的当地流程和规则,因此要从流程和规则的整体优化、统一标准着手。

于是,项目组开始按照图表12所示的四个阶段筹划推进BOM重建项目。

(1) 流程标准化阶段

该阶段需明确标准化的组织和业务对象(范围),掌握多个业务部门和生产基地的业务流程现状并找出这些流程之间的差异。该阶段的目的是向日本国内和海外生产基地说明应对既有业务问题的解决方法和标准化方针,获得认可。

第1章 通过BOM重建加强全球制造

图表12：以流程标准化为前提的BOM重建项目的推进方法

阶段名称	流程标准化	系统计划	系统开发	系统导入
阶段目的	• 制订活动计划。 • 分析业务现状，明确部门之间的差异。 • 制定流程的标准化方针，设计新业务。 • 验证新业务（包括海外生产基地），制作产品路线图整体方案。 • 预测实现新业务后的效果。	• 制作用于实现新业务的RFP。 • 利用RFP确定开发委托方。 • 制作费用预算和系统化的产品路线图。 • 向经营者汇报，获得执行许可。	• 为实现新业务，对系统功能要件作出定义。 • 进行系统的详细设计，完成用户评价。 • 根据详细设计的结果开发系统。 • 进行系统相关测试，最终在最接近真实环境的条件下进行测试，为正式使用作准备。 • 进行用户培训。	• 根据系统化的产品路线图确定生产基地。 • 初次运行时，确定是否达到了预期效果。 • 持续进行运行方面的改善。

最终，该阶段要制定出包括海外生产基地在内的BOM整体产品路线图，并且对所有的相关资源进行整合。

（2）系统计划阶段

该阶段需筹划以下工作：RFP[①]的制作、开发委托方的确定、构建费用的预估，以及系统开发计划的确立。向经营者汇报讨论内容并获得许可后，BOM重建项目将正式启动。

（3）系统开发阶段

从这个阶段开始，推进项目必须遵守系统开发的方法。当然，为了在短期内搭建一个安全系数较高的系统，需要充分利

---

① RFP：Request for Proposal 的缩略语，是系统委托人为选定开发委托方发布的提案委托书。

035

用 PLM 软件包。PLM 软件包的使用标准是具备统一管理 BOM 和技术信息的功能。为了灵活运用 PLM 软件包，需要在系统开发之前充分理解其标准功能，尽可能避免定制软件。

(4) 系统导入阶段

该阶段要基于 BOM 部署产品路线图，依次向包含海外生产基地在内的各个组织导入系统。因为企业会向海外拓展，所以需要同时考虑组织在全球层面的管理体系和运营支援体系。

5 业务流程的标准化逻辑

对业务流程的现状分析、差异分析、标准化方针的制定程序进行解释说明。

项目组启动流程标准化阶段后,开始按照业务流程的现状分析、差异分析、标准化方针的制定程序三个步骤推进项目。

● 业务流程的现状分析

项目组围绕设计 BOM 和图纸的新规发布、相关业务流程的变更情况,以及设计 BOM 和生产 BOM 的协同流程,听取了实施者的意见。图表 13 是某业务部门的业务流程(设计变更流程)的现状分析案例。

业务流程的现状分析结果大致由业务流程,每个流程的输入、处理和输出结果,以及使用的信息系统构成。在听取各部门的意见时,如果认为实施者的发言存在疑问,可以追加备注。

对四个主要业务部门、相关工厂、目标业务流程重复此项操作,即可完成对所有业务的分析。

图表 13：业务流程的现状分析案例

部门				流程			信息系统			
开发	生产技术	采购	品控	生产管理	输入	处理	输出	CAD	图纸管理	PDM	ERP
设计变更讨论会议					变更要求	针对变更要求审议变更措施	变更要求（审批通过）（纸质）				
图纸、BOM变更					3D模型图纸	按变更要求重新设计	3D模型图纸（变更后）	○	○	○	
创建变更联系人					变更要求	创建变更内容、BOM差异和审批人	设计变更指示（纸质）				
	变更审批、传阅				设计变更指示（纸质）图纸（电子）	传阅并审批变更相关文件	设计变更指示（审批通过、纸质）；图纸（审批通过、纸质）		○	○	
	创建变更联系人				—	印刷变更相关文件，分发给相关部门	设计变更指示（审批通过、纸质）；图纸（审批通过、纸质）				
		接受变更指示			设计变更指示（审批通过、纸质）；图纸（审批通过、纸质）	确认并对应相关变更文件	—				
				ERP登记	设计变更指示（纸质）	在ERP中手动登记BOM变更差异	变更后的BOM				○

备注：
- 传阅纸质文件花费时间且常导致项目停滞
- 由负责人转录，效率和准确度较低

● 差异分析

接下来，项目组将四个业务部门、相关工厂的业务流程现状分析结果汇总到了需要对比的业务板块［产品成本估算、新设计（结构）、出图、设计变更、采购主控的设定、生产计划的制订等］上，对数据进行了横向对比。

图表 14 所示的差异分析结果案例是根据"设计变更"的业务模块整理而成的。该分析方法将"设计变更"划分为五个步

骤，即变更请求、变更实施、变更审批 1、变更审批 2 和变更通知。将每个步骤分别与四个业务部门的流程进行对比后，可以发现五处差异。

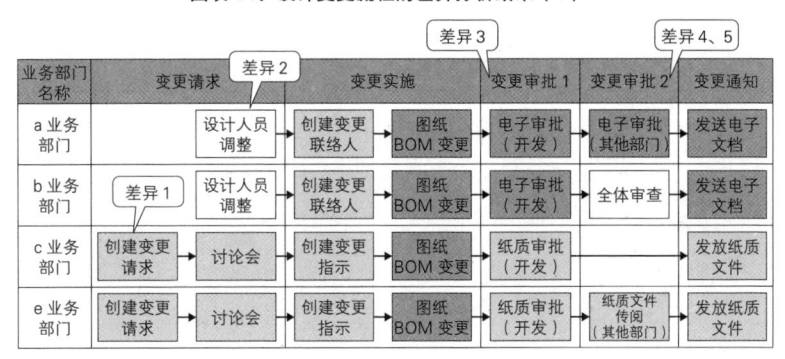

图表 14：设计变更流程的差异分析结果（1）

业务部门名称	变更请求	变更实施	变更审批 1	变更审批 2	变更通知
a 业务部门		设计人员调整 → 创建变更联络人	图纸 BOM 变更	电子审批（开发）	电子审批（其他部门）	发送电子文档
b 业务部门	差异 1	设计人员调整 → 创建变更联络人	图纸 BOM 变更	电子审批（开发）	全体审查	发送电子文档
c 业务部门	创建变更请求 → 讨论会	创建变更指示	图纸 BOM 变更	纸质审批（开发）		发放纸质文件
e 业务部门	创建变更请求 → 讨论会	创建变更指示	图纸 BOM 变更	纸质审批（开发）	纸质文件传阅（其他部门）	发放纸质文件

（差异 2、差异 3、差异 4、5 标注于表头上方）

如图表 15 所示，上述差异内容被填写在标准化方针讨论表的差异分析结果记入栏中。五处差异的具体内容如下。

①是否有变更请求。

②变更请求的实施判断方法。

③开发内部的变更审批方式。

④开发以外的变更审批部门。

⑤开发以外的变更审批方式。

● **标准化方针的制定**

然后，项目组召集了各业务部门的代表，开展确定差异原因、制定标准化方针的研讨会。当时，顾问的建议是使用标准

图表15：标准化方针讨论表

差异编码	差异编码	a业务部门	b业务部门	c业务部门	e业务部门	最佳实践	起因于产品、业务特性	标准化方针
1	是否有变更请求	无	无	有	有	有	NO	有
2	变更请求的实施判断方法	设计人员自行调整	设计人员自行调整	讨论会审议	讨论会审议	讨论会审议	NO	讨论会审议
3	开发内部的变更审批方式	电子审批	电子审批	纸质审批	纸质审批	电子审批	NO	电子审批
4	开发以外的变更审批部门	生产管理 购买 生产技术 制造	生产管理 购买 生产技术 制造	无	无	生产管理 购买 生产技术 制造	NO	生产管理 购买 生产技术 制造
5	开发以外的变更审批方式	电子审批	会议+纸质审批	无	纸质传阅	电子审批	NO	电子审批

化逻辑和最佳实践（优秀的成功案例），因为各个业务部门都倾向于沿用现有流程，不会轻易赞成变更流程。

标准化逻辑如图表16所示。除了由业务特性或产品特性引起的差异原因以外，该逻辑认为流程变更应该按照企业标准来确定方针。例如，如果使用标准化逻辑，可以进行以下分类。

- 业务部门在开发汽车专用的模块和零件时，对可追溯性的要求水准较高，所以适宜实行个性化的历史数据管理流程。

- 如果这是因为过去的习惯或IT工具的差异导致的手段问题，可以使用标准化的历史数据管理流程。

第1章 通过 BOM 重建加强全球制造

图表 16：标准化逻辑

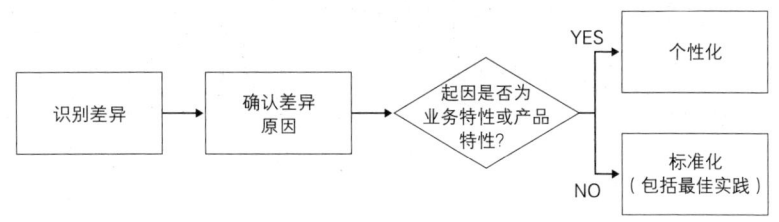

识别差异 → 确认差异原因 → 起因是否为业务特性或产品特性？
- YES → 个性化
- NO → 标准化（包括最佳实践）

还有一点是充分利用最佳实践。企业外部很可能有比自家企业最佳流程更好的流程。如果有比自家企业更好的最佳实践（先进案例），建议积极采用其为标准流程。

项目组顾问基于以上内容，在图表 15 所示的"最佳实践"一栏中填写了目前能想到的最优化流程。此外，各业务部门代表还确定了差异是否是由业务特性或产品特性引发的，判断的结果均为"NO"。大家达成了共识，将所有项目都整合到了 A 公司的高效流程和最佳实践中，并将结果填写到了图表 15 的"标准化方针"记入栏中。

经过数月的反复运行，A 公司制定了与 BOM 和图纸发布相关的所有业务流程的标准方针，完成了流程设计。

6 全球产品编码规则的标准化

介绍 BOM 的核心：产品编码的基础知识和重新审视的方法。

● 整理现有问题

项目组在听取现状的过程中弄清了一点：在产品编码的编码规则中，很多业务部门和生产工厂的产品编码的编码规则使用的是地方规则。项目组调查了每个业务部门的产品编码的编码规则，结果如图表 17 所示，并且通过听取内容确定出以下要点。

- 产品编码中存在两种编码：一种是按业务部门划分使用的设计编码；另一种是生产工厂自己的产品编码（以下称为"生产编码"）。
- b 业务部门和 c 业务部门的产品编码的每一位都有意义；产品编码在两三年内有被终结的风险。
- 因为业务部门和生产工厂不同，所以无法统一运用设计编码和生产编码。在生产跨业务部门的开发产品或互相无关联的业务部门的产品时，需要确认设计编码的编码规则，整合后再进行生产准备。

图表17：各业务部门和生产工厂的产品编码的编码规则

位数	1	2	3	4	5	6	7	8	9	10	11	12	13	14	15
	开发定义											生产工厂定义			
a业务部门 f工厂	机型编码				连号				变化	历史	上市年份	准备方	生产计划专用	工序	
b业务部门 g工厂	机型编码				零件分类				颜色左右	历史	发货	散装件	标签识别		
c业务部门 h工厂	客户编码	产品区分	机型编码		零件分类				颜色	历史	准备方	发货	生产计划专用		
e业务部门 j工厂	产品区分	机型编码			连号					历史	准备方	散装件	标签识别		

● 设定规则

本项目的目的是提高开发和生产基地之间的关系的灵活性，重新评估当前使用的产品编码和本地规则。项目组在制定全球产品编码标准化的方针时，提出了以下策略。

- 各业务部门和生产工厂使用的通用性高的信息优先显示在产品编码中。
- 产品编码应尽可能无意义，使信息属性化。
- 通过产品编码实施与可追溯性相关的强化措施。

项目组就产品编码上显示的信息的优先程度进行了探讨，制定了如图表18所示的与产品编码相关的全球标准化方针。

图表18：产品编码的全球标准化方针

编码标识候补	设计专用	生产专用	a业务部门 f工厂	b业务部门 g工厂	c业务部门 h工厂	e业务部门 j工厂	标准化方针
机型编码	○		○	○	○	○	编码标识
客户编码	○				○		属性化
产品区分	○				○	○	属性化
连号	○		○				编码标识
零件分类	○			○	○		属性化
设计变化	○		○			○	编码标识
颜色	○			○	○		属性化
左右	○			○			属性化
历史	○		○	○	○	○	编码标识
上市年份		○	○				属性化
发货		○		○	○		编码标识
准备方		○	○		○	○	属性化
散装件		○	○		○		属性化
生产计划专用		○	○	○	○		属性化
标签识别		○	○		○	○	属性化
工序		○	○	○			编码标识
生产变化							编码标识

解说①

产品编码的编码方法

◎代码的原则

接下来,我将对产品编码进行解释说明。在此之前,先共享一个产品编码的高级概念——代码的原则。代码体系的重新评估工作多数是在导入 ERP 时进行的。那么,什么才是一个比较好的代码呢?一般来说,好的代码具有以下三个特征。

(1)不受环境变化影响,从过去到未来尽可能"保证统一原则"

所谓"不受环境变化影响",是指组织、产品分类、商业分布等在中长期可能会发生变化,所以最好不要把这些具有一定含义的信息编制到编码中。

我总结以往的经验发现,很多企业会在产品编码中体现客户分类、组织结构、产品分类、零件分类、法规(含有化学物质等)等信息,赋予产品编码"一定的含义"。一旦产品编码中编入这些信息,当环境发生变化时,编码就无法顺利运行,导致企业只能选择制定当地规则或者临时规则。

(2)代码中"没有固定含义",所有的变更项目均表示为"属性"

这里否定了有含义的代码,并且暗示代码应该是无含义的,代码中表达的信息应作为属性进行管理。在以往信息系统普及不充分的时代,如果代码的识别度很低,那么当前的业务效率和准确性就会出现问题。但在 IT 技术已经普及的今天,人们只要通过平板电脑上的摄像头就可以立即读取条形码,瞬间获取很多来自条形码的信息。

至于编码,只要用手持扫描仪读取零件标签(粘贴在外包装上,负责记录产品编码、零件名称、批次等信息的贴纸)或作业指导书(操作负责人在生产工序中参考的、记录着必要零件和操作步骤的纸质账簿)上的条形码,即可瞬间在电脑和平板电脑的画面上显示出零件的属性和设计图。

虽然采用完全无含义的编码的企业比例不高,但是从易于全球理解和灵活运用 IT 技术的角度来看,这是一个有效的产品编码规则。

(3)"一物一码"的原则

这意味着"一个管理对象由一个代码管理"。例如,一个组织设定一个代码,一个产品(按机种细分)设定一个代码,一个交易(按订单的单位)设定一个交易代码,进行管理。

从产品编码的角度考虑,主要是指开发部门设定的"一个零件对应一个设计编码",以及工厂生产管理部门设定的"一个零件对应一个生产编码""一个图纸编码管理一张图纸"等。

反之,在企业信息中,如果用多个代码管理同一物品(按生产工厂类型用不同编码管理一个零件),那么在交易和成本比较时就会发生转换,影响效率和准确性。

第1章 通过 BOM 重建加强全球制造

◎ *产品编码的编制方法 1（无含义的编码）*

最初介绍的无含义的产品编码仅能用于识别零件的差异。图表 19 是全球制造业中采用的无含义的产品编码示例。

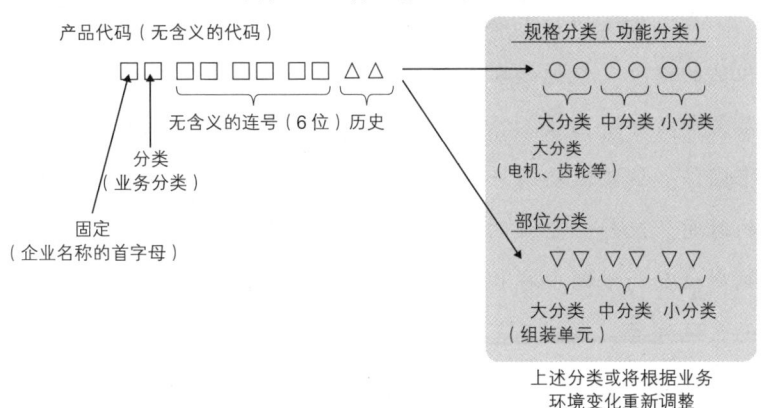

图表 19：无含义的产品编码示例

```
产品代码（无含义的代码）
  □□ □□□□□□ △△          规格分类（功能分类）
  │    │       │              ○○  ○○  ○○
  │    │       历史           大分类 中分类 小分类
  │    无含义的连号（6位）      大分类
  │                           （电机、齿轮等）
  分类
  （业务分类）                  部位分类
  固定                         ▽▽  ▽▽  ▽▽
  （企业名称的首字母）           大分类 中分类 小分类
                              （组装单元）

                    上述分类或将根据业务
                    环境变化重新调整
```

第 1 位和第 2 位的数字是固定的，以避免与以往编码规则中分配的产品编码重复。例如，将"Z"等字母放在第 1 位可以有效防止与旧产品编码（导入无含义产品编码前的产品编码体系）发生重复。第 2 位代表业务分类，其似乎与代码原则中的"代码没有固定含义"的规则有一些矛盾。但是对于企业而言，它们有商业车、乘用车这样的永久性业务，因此相比视觉识别目的，产品编码用于防止业务领域重复的作用更强。

第 3 位到第 8 位是无含义的流水号（连号）。即使零件之间存在衍生关系和颜色差异等，也只是用简单的连号来表现，因此仅从产品编码无法分辨其派生关系。

047

例如，假设零件是在日本设计的，但是需要在中国的工厂生产，那么就需要配合当地的生产工序变更图纸的公差说明。在这种情况下，为了确认派生关系，需要通过 PLM 系统中的关系（派生源与派生目的地的关系）对其进行管理。

毫无含义的产品编码的优势是可以减少位数。一个只有 6 位数的连号，仅通过数字可以表示出 100 万个零件。而如果用英文加数字（除去 O 和 I）的编码方法，可以表示出超过 15 亿个零件。这样做还有一个优势，那就是能够减少录入产品编码的时间。此外，企业的主干系统和生产设备有时也会受到产品编码位数的限制。在构建能够轻松获取产品编码的含义和属性的系统方面，编制无含义的编码不失为最好的方法。

在 PLM 系统中，附加在产品编码上的信息经由规格分类和部位分类进行管理，以提高标准化和可搜索性。此外，还能够根据零件分类改变管理属性(例如，由于电子零件的二极管和电阻规格不同，所以要分别用属性来管理推进各自标准的规格)。

在图表 19 中，产品编码的功能分类和使用该零件的部位被视为属性进行管理。此外，属性信息可以与产品编码一起写在诸如零件清单或产品标签（现品票）之类的表格上。

◎**产品编码的编制方法2（部分有含义、部分无含义的混合型）**

方法 2 提出的部分有含义、部分无含义的混合型编码，是现代制造业中最常用的一种编码方式（图表 20）。

示例的前两位是零件分类。很多制造型企业倾向于推进零

第 1 章 通过 BOM 重建加强全球制造

图表 20：部分有含义、部分无含义的混合型编码的示例

图纸编码（原则：1 张设计图纸对应 1 个派生品）

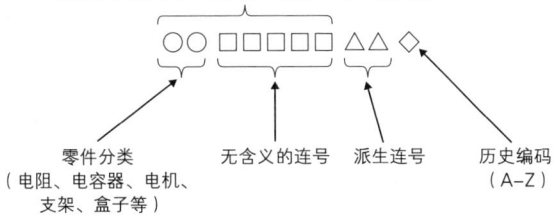

- 零件分类（电阻、电容器、电机、支架、盒子等）
- 无含义的连号
- 派生连号
- 历史编码（A–Z）

件的标准化，如果能用这两位数来确定零件的种类，那么检索出来的相似零件也能用在新机型上。很多企业就是通过这种方法推进零件标准化的。

在采购和制造现场也是如此。通过在产品编码上显示零件的分类，可以有效避免订货和生产线供应发生错误。

但是，零件分类的位数仍需要优化。如果是两位数，且只使用数字，那么分类的上限就是 100 个。问题是，在一个涉及诸多业务的企业中，100 个零件分类或许不够用。此时，如果用英文和数字来编码，零件分类的上限就是 1156 个（O 和 I 除外）。评估产品编码时，重新定义零件分类是讨论的重点。

后面的 5 位是毫无含义的连号。即使只用数字编码，一个零件分类中也能产生 10 万个产品编码。虽然看起来这些编码已经够用了，但是仍有必要调查过去每年产生的产品编码的数量，并且通过模拟未来需求确定编码的位数。

关于第 8 位和第 9 位的派生连号，我将在后面的内容（◎图纸编码和产品编码）中进行补充，此处省略，还望理解。

◎产品编码的编制方法3（有含义的产品编码）

最后介绍的编制方法如图表21所示，所有的位数都有含义。

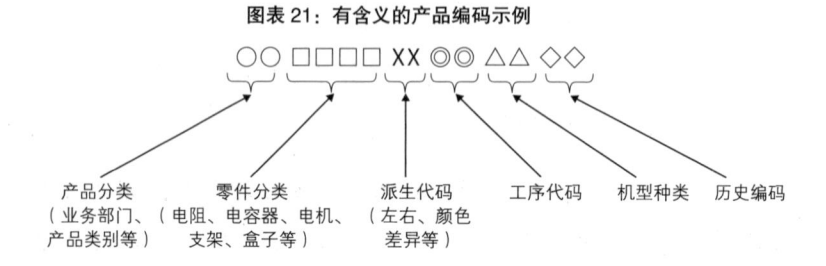

图表21：有含义的产品编码示例

○○ □□□□ XX ◎◎ △△ ◇◇

- 产品分类（业务部门、产品类别等）
- 零件分类（电阻、电容器、电机、支架、盒子等）
- 派生代码（左右、颜色差异等）
- 工序代码
- 机型种类
- 历史编码

构成该产品编码示例的信息分别是产品分类、零件分类、派生代码、工序代码、机型种类、历史编码，共计14位。

它的特点是识别性高、易于现场操作、便于零件标准化的推进等。

此外，还有一些问题的存在，如产品编码容易用尽、环境发生变化时必须采取一些应对措施等。而且，当位数出现变长倾向、产品编码中需要再增加位数时，影响主干系统和生产设备的情况会增多。

考虑到以上问题，这种方式的确不合理，但现实是，现在仍有很多企业采用这种方式。原因是在业务起步的时候，IT技术并没有那么先进，依靠产品编码的识别性可能效率更高。此后，这种方式一直沿袭至今，并没有什么较大的改进。

第1章 通过 BOM 重建加强全球制造

◎**对比产品编码的编制方法**

根据此前介绍的三种产品编码方法，我制作了一张对照表（图表22）。其中，方法1、2、3的产品编码的含义在逐渐增强，导致其识别性变高、位数增多、信息处理效率降低。此外，受固定含义的影响，产品编码应对环境变化的能力在下降。

图表22：产品编码方式的对比结果

方法	特征	优点	缺点	适用企业
方法1（无含义的产品编码）	仅对识别一个特殊物品起作用。	・位数少，处理业务的效率和正确率较高； ・未来扩展性强； ・易于进行自动编码； ・在全球制造业中有运用实绩	・不能用代码分类； ・仅有代码，没有识别性； ・含义和分类要通过属性代码补充完成。	开展多项业务的大型全球制造型企业。
方法2（部分有含义、部分无含义的混合型产品编码）	由无含义的连号和有含义的代码组合构成。	・识别性和信息处理效率并存； ・可通过产品编码实现可追溯性，如不同的模具和生产地等信息； ・能够实现基本的代码分类。	・含义和分类不全； ・产生自动编码的成本； ・业务环境变化易加大编码体系重建的风险。	开展多个业务的中型全球制造型企业。
方法3（有含义的产品编码）	代码自身有含义，表达分类或意图。	・识别性高。	・位数过长； ・业务环境变化易造成管理难度增加； ・品类数量增加易导致产品编码缺乏。	业务较少的中型制造型企业。

在我过去的咨询经验中，采用方法1的企业的确存在，但属于少数派。而采用方法2和方法3的企业和业务部门的数量基本相同。现在最需要重新评估的是扩大产品种类和推进全球生产、采用方法3的企业。这种类型的企业容易面临产品编码枯竭、多品种化引发的产品编码表达错误、生产基地和生产条件不同导致的产品编码管理混乱等问题。

从顾问的角度来看，对于"方法1和方法2到底哪个更好"

这个问题没有明确的答案。但从当前的 IT 环境来看，方法 3 的产品编码位数较多，适应环境变化的能力较弱，劣势十分明显，需要重新评估。

我将从"哪一种更容易从当前的开发和生产运用环境中转移？""哪一种更适合迄今为止的习惯（读取产品编码含义进行作业的长年习惯）和企业风气？"的观点出发对以上问题进行分析。

◎ **图纸编码和产品编码**

以往，很多企业认为图纸编码就是产品编码。但随着产品的多样化、全球生产及产品中嵌入的软件的增加，将图纸编码与产品编码分开的企业越来越多。而在一张图纸上表示出多个零件、生产条件、控制软件之间的差异的必要性也越来越高。

图表 23 所示的示例中，图纸编码和产品编码的前 8 位相同，而产品编码的第 9 位和第 10 位有变化。这样做的原因如下：

(1) 以规格的多样化应对变化

在一张图纸上定义多个零件的变化，从而减少图纸数量。可以将嵌入式软件的差异和颜色、左右、长度的差异等表示为变化。

(2) 生产条件不同

如果生产基地不同，那么生产设备、制造条件、模具、操作人员、原材料的采购和供应商等都不同。即使图纸相同，也

第1章　通过 BOM 重建加强全球制造

无法再用相同的产品编码进行管理。

如果允许使用按工厂划分产品编码的当地规则，那么需要注意一点：在生产基地之间进行零件交易时，产品编码管理会更加烦琐。

BOM 重建需要重新评估产品编码时，建议结合图纸编码和产品编码的关系进行讨论。

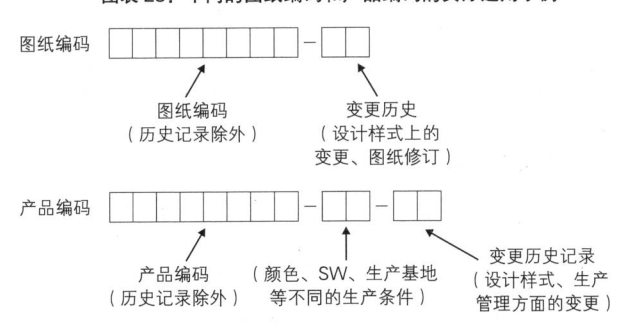

图表 23：不同的图纸编码和产品编码的实际运用示例

图纸编码 ☐☐☐☐☐☐-☐☐

- 图纸编码（历史记录除外）
- 变更历史（设计样式上的变更、图纸修订）

产品编码 ☐☐☐☐☐☐-☐☐-☐☐

- 产品编码（历史记录除外）
- （颜色、SW、生产基地等不同的生产条件）
- 变更历史记录（设计样式、生产管理方面的变更）

◎信息管理技术以产品编码为关键词

按不同代码导入并运用产品编码和图纸编码的时候，有些企业还不习惯这种方式，会出现订货时或在生产现场拿错图纸的风险，需要多加注意。

如图表 24 所示，有必要以产品编码为关键词管理图纸、零件信息和与其他零件相关的技术信息，并且习惯这种管理方式。

如图表 25 所示，一旦以产品编码为关键词，就能在 PLM 系统中搜索到最新的图纸数据和属性，还可以在生产线等各种情况下充分利用零件信息。

图表 24：信息管理技术以产品编码为关键词

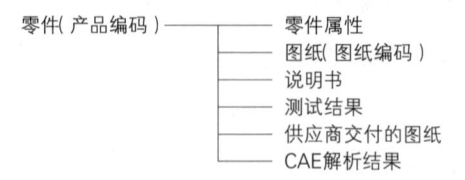

零件(产品编码)
- 零件属性
- 图纸(图纸编码)
- 说明书
- 测试结果
- 供应商交付的图纸
- CAE解析结果

图表 25：以产品编码为关键词获取信息

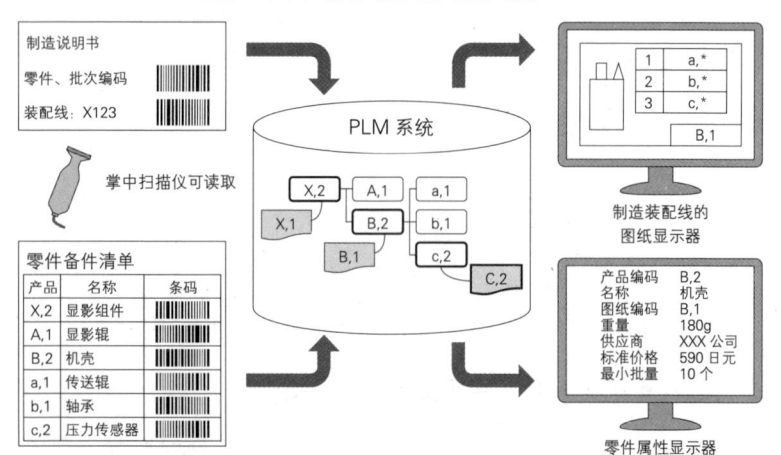

制造说明书
零件、批次编码
装配线：X123

掌中扫描仪可读取

零件备件清单

产品	名称	条码
X,2	显影组件	
A,1	显影辊	
B,2	机壳	
a,1	传送辊	
b,1	轴承	
c,2	压力传感器	

PLM 系统

X,2 — A,1 — a,1
X,1   B,2   b,1
B,1   c,2
            C,2

制造装配线的图纸显示器

1	a,*
2	b,*
3	c,*
	B,1

零件属性显示器

产品编码	B,2
名称	机壳
图纸编码	B,1
重量	180g
供应商	XXX 公司
标准价格	590 日元
最小批量	10 个

7 制定路线图

企业集团层面制定 BOM 重建路线图时的要点和程序。

• 路线图的规划

在此前的活动中,项目组制定了 BOM 管理流程、产品编码规则和与 ERP 的协作方式的标准化方针。随后,根据结果,项目组设计了新业务,并将其与日本国内及主要海外基地进行了对接。接下来,项目组的工作是参考实际,制定路线图(执行计划)。

与在一个基地引入业务应用的系统建设不同,项目组正在重建的是全球通用的 BOM 和产品编码系统。因此,项目组优先考虑了对业务部门和每个生产基地的影响,以及商业层面的优先顺序,认识到了设计路线图的必要性。

• 路线图的制定方针

路线图的制定方针如下:

- 本项目的期限为流程标准化活动验证完成后的 3 年内。
- 在着手进行系统开发前，需要充分验证海外的生产基地和构想，以及新业务和相关规则。
- 在日本国内基地同时完成新 BOM 系统的构建和导入。
- 在海外基地部署系统时，项目组将结合各基地和业务部门的听证会结果考虑业务开展的优先顺序，并有序推进（依次展开）。同时，需要花费半年时间在各生产基地导入系统、开展培训活动。
- 在日本国内各业务部门引入新的 BOM 系统；相应地，在海外基地尚未引入的过渡期内，各基地有责任从新系统中接收技术信息（BOM、图纸等）。
- 日本国内的各业务部门和海外基地在导入新 BOM 系统时产生的费用采用"费用回收"模式，即先由项目组承担，后由部门按使用时长缴纳费用。

项目组向经营者汇报了迄今为止的讨论结果，获得了相关认可。

经营者向项目组下达了"从委托系统开发的候选合作方处获取实现新业务和 BOM 理念的预算费用，明确系统搭建的大致日程"的指示，并且同意在本阶段的任务结束后可转入下一阶段。

第1章　通过BOM重建加强全球制造

图表26：全球部署路线图

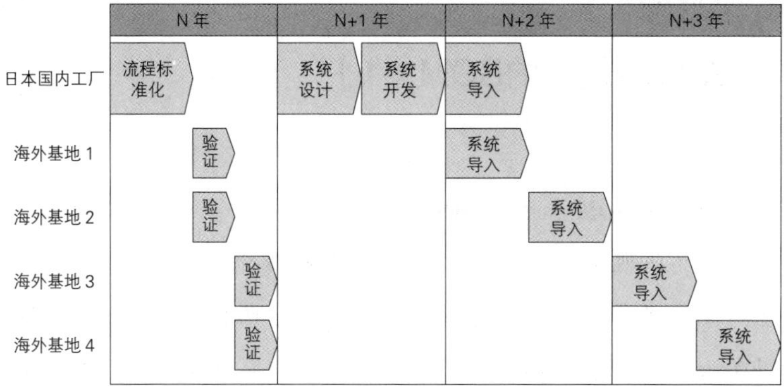

	N年	N+1年	N+2年	N+3年
日本国内工厂	流程标准化	系统设计　系统开发	系统导入	
海外基地1	验证		系统导入	
海外基地2	验证			系统导入
海外基地3		验证		系统导入
海外基地4		验证		系统导入

• 本项目结束后

此阶段结束后，A公司进入了验证海外基地的新业务、开发和导入新系统的阶段，在调整方向的同时大致完成了项目设定的任务。在这个过程中，我总结出了项目获取成功的几个要点和教训。这部分内容将在本书的终章详细解释说明。

解说②

按目的划分的BOM（1）

◎ **设计 BOM 和生产 BOM 的差异**

本篇出现了设计 BOM 和生产 BOM 两个词语。在此，我想先阐述两者的基本概念。设计 BOM 有时也被称为"E-BOM"（Engineering BOM 的缩写），生产 BOM 有时也被称为"M-BOM"（Manufacturing BOM 的缩写）。

设计 BOM 是由开发部门发布的 BOM，其从技术角度出发，渐次表示了产品构成。大多数设计 BOM 是在 PLM 系统中进行管理的。图表 27 的左侧表示的是设计 BOM。图中的类似（B，2）的记号表示除了产品编码的修订以外的位数为 B，修订为 2。通常，PLM 系统会对构成设计 BOM 的项目和技术信息（图纸、3D 模型、规格说明书、CAE 结果、实验结果等）进行关联管理。从广义上讲，品种信息和构成信息往往统称为设计 BOM。但从狭义上讲，BOM 仅表示构成信息。

图表 27 的右侧表示的是生产 BOM，其一般在 ERP 和生产管理系统中进行管理，主要用于掌握生产计划、拟订采购计划、管理生产进度，是生产制造的重要信息。生产 BOM 的构造在设计 BOM 的基础上创建，且生产 BOM 通常是通过重新排列设计 BOM 中的配置来创建的。配置编辑图示如下。

- 因为有些零件是从多家企业采购的，所以要为每个供应

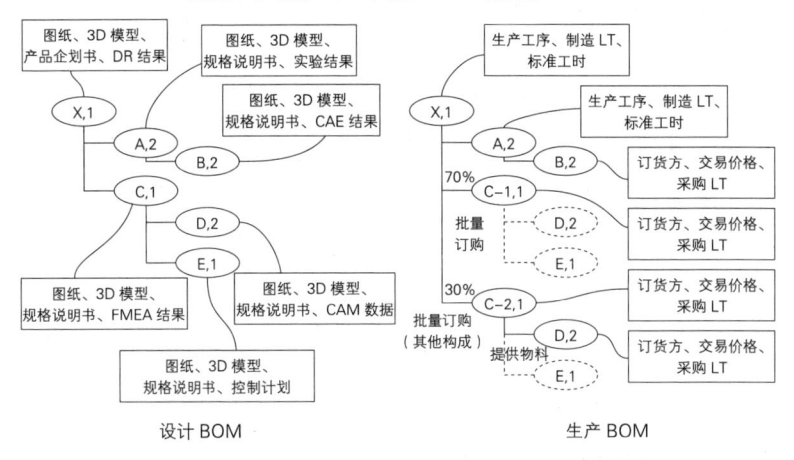

第1章 通过BOM重建加强全球制造

图表27：设计BOM和生产BOM的差异

设计BOM / 生产BOM

商单独设定产品编码，并且为每个供应商设置采购比例［在图表中要以（C，1）为基础，按供应商的分类定义单独的产品编码，如（C-1，1）和（C-2，1）］；

- 虽然在设计BOM中定义了末端零件，但是配件（C，1）是委托外部生产的，所以生产BOM中基本删除了配件（C-1，1）和（C-2，1）后面的零件。但是，由于补给品（D，2）要交给委托方，需要内部采购，因此要将其预先保留在BOM中，作为MRP（物资需求计划）的管理对象。

此外，生产BOM管理的信息有生产工序（生产线）、制造过程周期（以下简称"LT"）、供应商、采购LT和交易价格等。准确地说，这些信息不是作为构成（BOM），而是作为品种属性来进行管理的，可以说是生产BOM所持有的信息。此外，有时也会使用"采购BOM"一词，但它被认为是生产BOM中采购项目的一种形式。

通过对比说明的内容，我总结出了图表28。

图表28：设计BOM和生产BOM的对比

对比观点	设计BOM	生产BOM
生产管理、生产技术、购买	开发、设计	生产管理、生产技术、购买
管理系统	PLM	ERP、生产管理系统
构成表现	技术性观点的产品构成	用于实际生产的产品构成
管理、附属信息	图纸、3D模型、规格说明书、实验结果等技术讨论资料	制造LT、采购LT、供应商、生产线、有效期、交易价格、打包形式等生产、采购、物流所需的信息

◎ **设计BOM（E-BOM）**

为了能更加准确地理解设计BOM，我们必须提前掌握数据库的概念。

如图表29所示，设计BOM被分解为品类和构成。品类包含品名、产品编码、修订版、品类类别、材料和规格值等属性。构成负责管理父级编码、子级编码和员工人数等。所谓BOM，是指从父级编码展开到末端的子级编码的零件清单。

此外，在品类中可以设定替代品（功能上可以兼容，是工厂可以根据采购情况选择的零件）。

◎ **生产BOM（M-BOM）**

和设计BOM一样，我们可以从数据库的角度确认构成生产BOM的品类主干系统和构成主干系统（图表30）。

生产BOM与设计BOM有两点不同。首先，品类管理的信

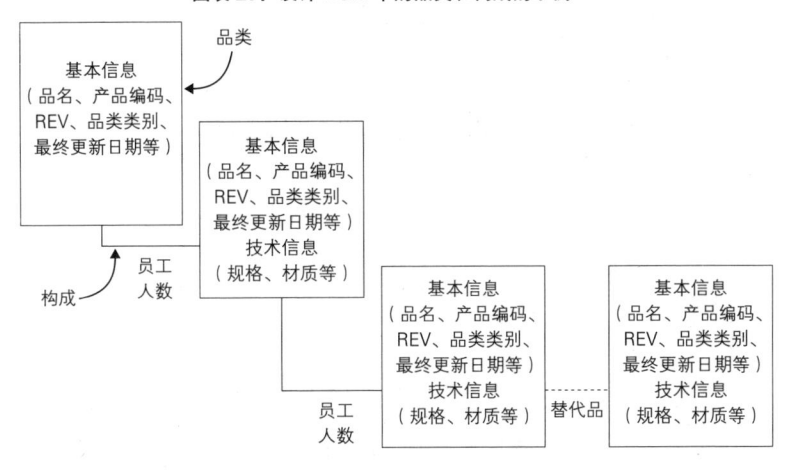

第1章 通过BOM重建加强全球制造

图表29：设计BOM中的品类和构成的示例

基本信息（品名、产品编码、REV、品类类别、最终更新日期等）

基本信息（品名、产品编码、REV、品类类别、最终更新日期等）
技术信息（规格、材质等）

基本信息（品名、产品编码、REV、品类类别、最终更新日期等）
技术信息（规格、材质等）

基本信息（品名、产品编码、REV、品类类别、最终更新日期等）
技术信息（规格、材质等）

品类
构成
员工人数
替代品

息存在很大的差异。生产BOM的品类除了有技术信息以外，还追加了采购信息、财务信息、制造信息和物流信息等，可以对基本信息的有效期（某零件在生产方面的有效日期）进行管理。

此外，构成有时会被切换成具有生产工序意识的构成，还可能被设定有效期。具体示例将在后面详述。

开发部门以新建或变更的形式发布图纸和设计BOM后，制造方会添加上述信息并完成生产BOM。

采购部门会针对新的产品编码和修订版追加采购信息（供应商、采购LT等）和财务信息，再由生产技术部门追加工序名称、降序、工序基准时间、设备等与制造相关的信息。

同时，生产管理部门要确认设计变更的切换指示和库存信息，设定有效期。根据有效期，可以决定旧的产品编码（旧修订版）和新的产品编码（新修订版）的具体应用时间。

图表30：生产BOM中的品类和构成的示例

基本信息（品名、产品编码、REV、有效期、品类类别等）				
技术信息（规格、材质等）	供应信息（供应商、采购LT、最小采购单位）	财务信息（标准价格、实际成本）	制造信息（工序、设备、LT等）	物流信息（打包形态、打包数量等）

← 品类

员工人数和有效期等 ↓

基本信息（品类、产品编码、REV、有效期、品类类别等）				
技术信息（规格、材质等）	采购信息（供应商、采购LT、最小采购单位）	财务信息（标准价格、实际成本）	制造信息（工序、设备、LT等）	物流信息（打包形态、打包数量等）

构成 ↓
员工人数和有效期等

基本信息（品类、产品编码、REV、有效期、品类类别等）				
技术信息（规格、材质等）	采购信息（供应商、采购LT、最小采购单位）	财务信息（标准价格、实际成本）	制造信息（工序、设备、LT等）	物流信息（打包形态、打包数量等）

◎从设计BOM到生产BOM的构成切换示例

接下来，我们将通过具体示例来确认生产BOM的配置编辑。发布设计BOM之后，生产管理部门会根据工序设计结果切换构成，完成生产BOM。图表31所示的是生产BOM的编辑示例。

(1) 功能的删除、中间产品的设定

设计BOM中定义的"控制主体"功能在生产BOM中被删掉了。取而代之的是分别设定的两个中间产品：一个是生产用的中间产品"主基板"；另一个是订货用的中间产品"SMT（电子零件安装在印制电路板的表面)"。

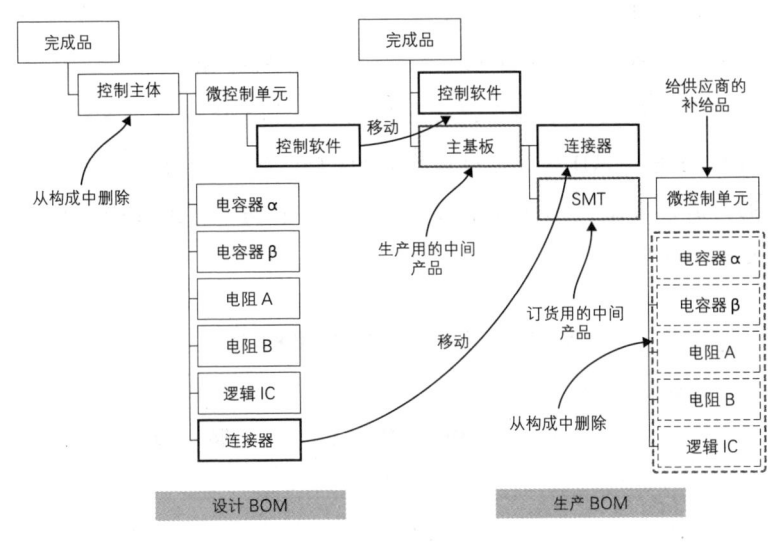

第1章 通过 BOM 重建加强全球制造

图表 31：基于设计 BOM 创建、编制生产 BOM

（2）根据制造工序和步骤改变零件的位置

在设计 BOM 中，"控制软件"是写入"微控制单元"中的，因此被定义为微型电子计算机的构成零件。但是由于工序设计的结果"控制软件"是要写入完成品的最终组装工序中的，因此在生产 BOM 中会被移动到完成品的正下方。

（3）补给品和无须采购的零件的设定

"SMT"是订货用的中间产品，其构成零件基本上是由供应商负责采购的，因此在生产 BOM 中删掉了"SMT"的构成零件。但是由于"微控制单元"是由本企业内部采购后提供给供应商的，所以只有它被保留在了"SMT"的下方。

◎**量产型制造业中不同目的的 BOM 的联用示例**

到目前为止，本书已经介绍了两种 BOM。接下来，我将引入一种思考方式，探讨如何将这些不同目的的 BOM 进行联用。

在图表 32 中，除了设计 BOM 和生产 BOM 以外，还出现了 CAD 构成。CAD 构成是通过 3DCAD 和电路 CAD 生成的原始数据，通常依靠 CAD 数据管理系统（以下称为"CAD-PDM"）来进行管理。

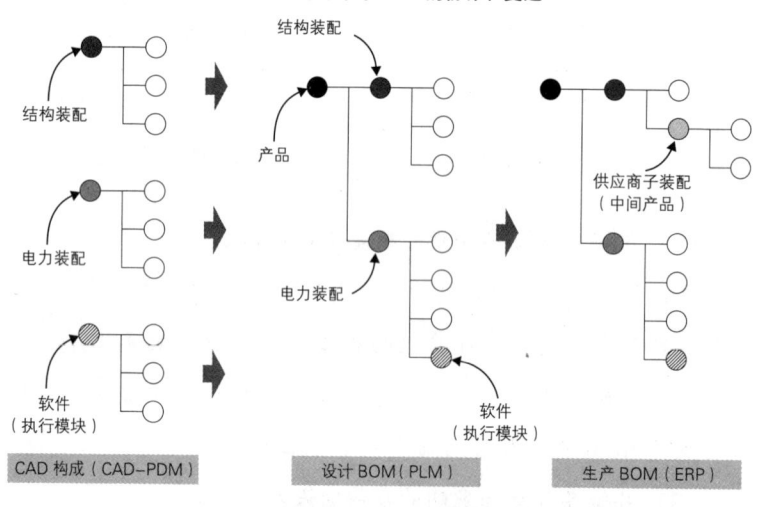

图表 32：不同目的的 BOM 的协作和变迁

CAD 构成（CAD-PDM）	设计 BOM（PLM）	生产 BOM（ERP）
结构装配	结构装配 产品 电力装配 软件（执行模块）	供应商子装配（中间产品）
电力装配		
软件（执行模块）		

在软件方面，由软件创作工具创建的源代码、执行模块和规范由软件构成管理系统进行管理。此处所管理的软件之间的关联又被称作"软件构成"（以下称为"SW 构成"）

为了高效且准确地管理设计 BOM，结构和电力的 CAD-PDM 的 CAD 构成与设计 BOM 的联用很重要。在图表 32 中，设

第 1 章 通过 BOM 重建加强全球制造

计 BOM 是通过组合结构装配和电力装配创建的。如果不进行联用，CAD 构成和设计 BOM 中就会存在不一致的地方，有引发问题的风险。

至于 SW 构成，其没有必要直接存入设计 BOM 中，只要最后能在设计 BOM 中管理用于写入微控制单元和 IC 中的执行模块就足够了。在图表 32 中，软件的执行模块是电力装配的一个追加零件。

如今，很多企业依然没有用设计 BOM 进行管理软件。但是，将软件作为设计 BOM 的构成零件，就可以在类似于硬件的设计变更流程中管理软件的变更，以增强设计变更的可追溯性。

设计 BOM（品类信息和构成信息）发布后，生产部门会根据它在 ERP 上编辑生产 BOM 的内容——在生产 BOM 中追加生产所需的信息（有效期、采购信息、财务信息、制造信息等），编辑构成，完成生产 BOM。图表 32 在子装配的一部分中追加了子装配（虽然它在设计 BOM 中没有被定义，但它是生产管理中必需的中间产品）。

第 2 章

更换主机是 BOM 重建的契机

本章要点

本章将介绍半导体制造装置厂商 B 公司通过主机更换重建 BOM、解决问题的示例。B 公司只有一个 BOM，这意味着它在通过单一的 BOM 管理设计和生产。除了 B 公司，很多企业也都在用单一的 BOM 管理设计和生产流程。这些企业理所当然地认为，既然要生产一个产品，那么产品构成就必须一元化。但是，也有很多企业意识到仅凭单一的 BOM 无法应对产品的规格、构成、工序的复杂化，以及生产管理流程的复杂化、组织的大规模化和全球化。本章，我将共享一种问题解决模式：从单一 BOM 模式转型为目的多元的 BOM 模式。

- B 公司用主机的主干系统控制了设计和生产流程，但是业务开始落后于发展速度。本章将解释其中的背景和主要原因。
- 介绍项目组在开展业务和系统改革方面所做的工作。
- 介绍 B 公司使用单一 BOM 造成的危害。
- 介绍作为解决对策的目的多元（按目的类别划分）的 BOM 的理念和预期效果。
- 补充解释批量生产和专项生产（个性化定制生产）中使用的两种 BOM 的区别。

改革的背景、问题点	项目化教学	问题点和解决理念
1 主干系统与业务发展速度不匹配	2 项目改革的确立和准备	3 单一 BOM 产生的问题
		4 目的多元的 BOM 的理念和效果分析

1 主干系统与业务发展速度不匹配

开发半导体制造装置所要求的业务发展速度和风险是什么?

• B 公司存在的问题

B 公司是一家开发和制造半导体制造设备,并在全球范围内进行销售、服务和维修的企业。在半导体行业中,类似于智能手机的产品的市场需求十分活跃,但产品的生命周期短、业务风险高。

图表 33 以智能手机为例,描述了半导体行业的需求链和商业风险。智能手机是受消费者喜好和趋势变化影响较大的一种产品。

从供货方的角度来看,需求和要求的变化日益激烈,投入在产品生命周期、开发新机型的过程周期(图中用 LT 表示)缩短。而且,需求链越处于下游位置越难以读取它的变化趋势。

本章的主角 B 公司是一家半导体制造装置厂商,处在需求链的最下游。当客户企业(半导体厂商)改变需求和规格要求时,B 公司需要紧跟变化。越是处在下游位置的企业,要应对

图表33：半导体行业的需求链和商业风险

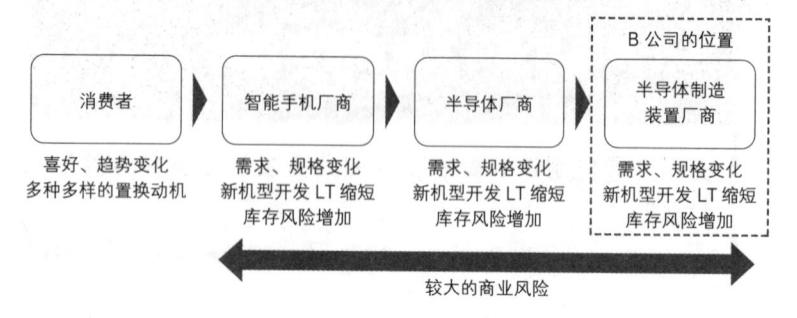

消费者	智能手机厂商	半导体厂商	半导体制造装置厂商（B公司的位置）
喜好、趋势变化 多种多样的置换动机	需求、规格变化 新机型开发 LT 缩短 库存风险增加	需求、规格变化 新机型开发 LT 缩短 库存风险增加	需求、规格变化 新机型开发 LT 缩短 库存风险增加

较大的商业风险

这种变动的幅度就越大。面对如此高风险的商业环境，企业必须贯彻执行开发和生产中的每一个步骤。

价值链（销售-设计-生产-保养）上的商业风险如图表34所示。其特征是，接单到发货所需的 LT 要比生产所需的 LT 更短。换句话说，需要从询问价格阶段开始预估生产工作，尽早确定接单前后的规格要求并对客户特定的零件部分追加设计和生产。当然，接单后规格要求也可能发生变更，有时也会通过改造、拆卸已经完成安装的零件来解决问题。

此外，由于智能手机和半导体产品的规格要求变化多，仅凭标准功能往往无法应对需求，需要增加特殊功能的开发。

当时，B 公司是以主机（大型计算机）为基础操作主干系统的。为了符合市场所需的业务发展速度，B 公司的经营者判定当下是最好的时机，决定重新评估以往通用的设计、生产流程及其信息基础，成立项目组。

第 2 章 更换主机是 BOM 重建的契机

图表 34：价值链上的商业风险

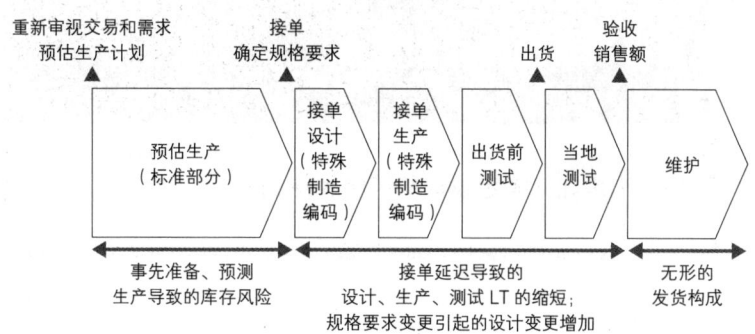

重新审视交易和需求 预估生产计划	接单 确定规格要求		出货	验收 销售额

预估生产（标准部分） → 接单设计（特殊制造编码） → 接单生产（特殊制造编码） → 出货前测试 → 当地测试 → 维护

- 事先准备、预测生产导致的库存风险
- 接单延迟导致的设计、生产、测试 LT 的缩短；规格要求变更引起的设计变更增加
- 无形的发货构成

071

2 项目改革的确立和准备

项目组是如何确定改革的范围和结构的？

● 改革项目的启动

项目组成立之初采取了"两人制模式"，即由企划部门的项目组组长和信息系统部门的副组长共同管理。经营者下达指令，要求他们制订重新规划主干系统的改革计划并按以下步骤落实计划方案。

(1) 问题的假设定义

项目组认为开发和生产流程的根本问题出在 BOM 身上。B 公司使用的是单一 BOM，这意味着公司中只有一个用来定义产品的 BOM。

原本 B 公司采用的是标准产品的量产型生产模式，即便采用单一 BOM 进行管理也不会发生什么问题，因为客户要求的个性化规格和定制设计并不多，设计人员完全可以手动进行差异管理。但是最近，客户对于性能的要求有所提高，且大型装置和不同案例的定制设计也逐渐增多，仅凭单一 BOM 已经无法进行管理了。项目组认为,这个部分必须对症下药,否则将很难彻底根治。

(2)划定改革范围

改革范围由参与项目组的部门决定。项目组按价值链上的流程和组织结构的对应关系,制作了图表35。

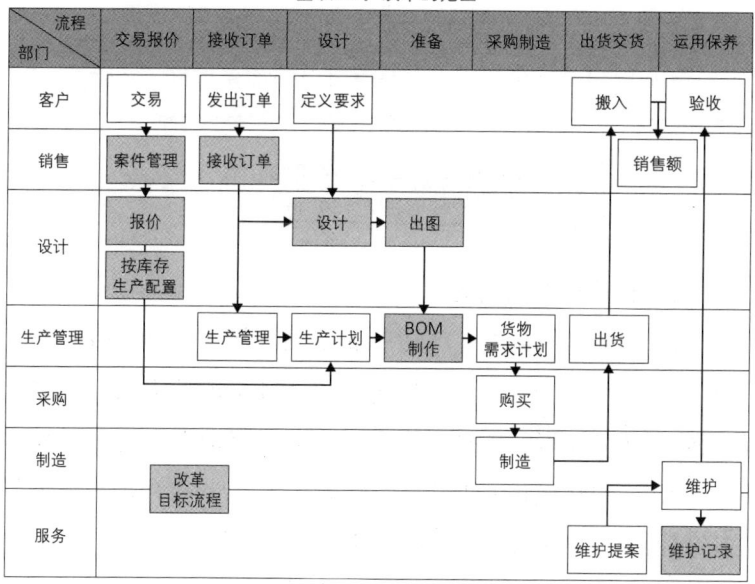

图表35:改革的范围

部门＼流程	交易报价	接收订单	设计	准备	采购制造	出货交货	运用保养
客户	交易	发出订单	定义要求			搬入	验收
销售	案件管理	接收订单				销售额	
设计	报价 按库存生产配置		设计	出图			
生产管理			生产管理	生产计划	BOM制作	货物需求计划	出货
采购					购买		
制造		改革目标流程			制造		维护
服务						维护提案	维护记录

此外,与BOM和规格确定相关的改革目标流程如图表35所示。从结果来看,必须动员各部门的组长,让销售、设计、生产管理、服务的关键人物参与到项目中来。图表36是策划完成的活动系统图。

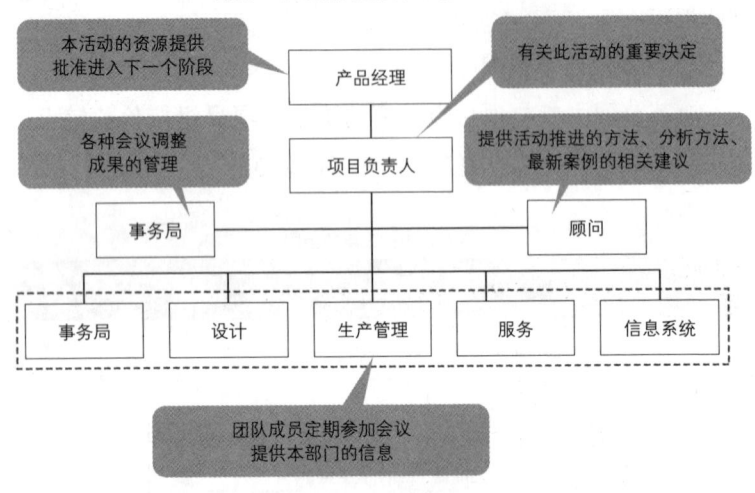

图表36：该项目的活动系统和角色职责

- 本活动的资源提供 批准进入下一个阶段 → 产品经理
- 有关此活动的重要决定 → 产品经理
- 各种会议调整 成果的管理 → 项目负责人
- 提供活动推进的方法、分析方法、最新案例的相关建议 → 顾问
- 事务局
- 顾问
- 事务局 | 设计 | 生产管理 | 服务 | 信息系统
- 团队成员定期参加会议 提供本部门的信息

（3）制作改革路线图

接下来，项目组制作了改革路线图（图表37）。即便重新梳理主干系统，也不可能立即定义出系统机能的需求。第一阶段是构思企划阶段，项目组找出了B公司目前存在的问题和原因，制定了整体优化解决方案（改革方针）。该阶段需要半年左右的时间，部门关键人物会参与到项目组中来。

项目组会将上述内容总结为改革的概要企划书，向经营者和高管们进行解释，以获得实施批准。

第 2 章　更换主机是 BOM 重建的契机

图表 37：改革路线图

阶段	构思企划	系统设计	系统开发	运用改善
目的	明确现状存在的问题，确定改革方针。	明确现状存在的问题，确定改革方针。	基于系统设计成果开发系统、完成测试。	继续改善流程和系统。
主要活动	・计划整合； ・构建系统； ・现状业务分析； ・制定改革方针（解决策略）； ・定义业务需求； ・效果分析； ・确定开发委托方； ・筹划下一阶段的计划。	・系统需求分析； ・系统设计； ・制定系统化企划方案； ・系统框架费用的报价。	・系统开发； ・单元、集成测试； ・综合测试。	・KPI 测定； ・拟定改善方案； ・改善流程及其系统。

3 单一 BOM 产生的问题

B 公司的 BOM 不适应商业环境的原因是什么？

● 输入和输出的整理

项目组进入构思企划阶段，开始进行业务现状分析。图表 38 是关于 BOM 现状的输入和输出的内容总结，其要点如下。

- 用主干系统管理 BOM，大致分为设备主体部分和 ASSY（装配）部分。
- 主干系统控制的 BOM 是表示标准结构的单一 BOM，无法保存个别案例的信息。
- 针对标准结构，输入标准制造 LT（过程周期）、标准订货单价、交货 LT 和设计变更。
- 零件的备货及制造的生产指令以案例预测或生产计划为基准，利用主干系统上的标准结构（主机和 ASSY）计算所需物料数量并实行。

● 内在课题

持续收集信息后，项目组发现还存在以下问题。

第 2 章　更换主机是 BOM 重建的契机

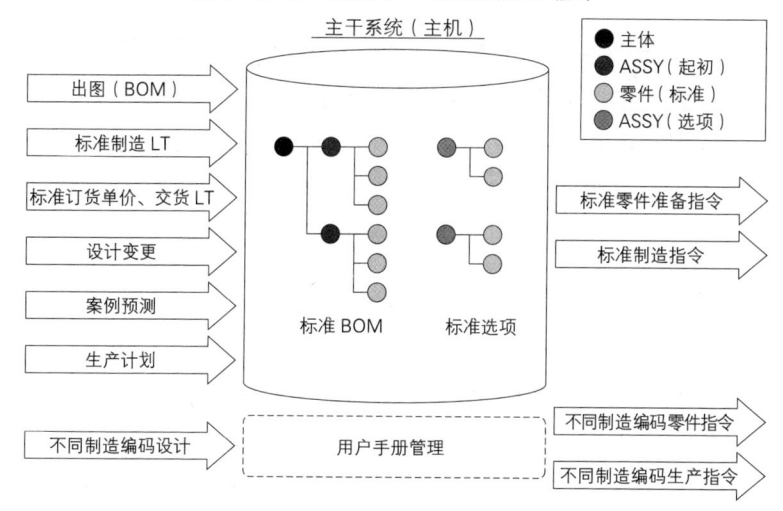

图表 38：主干系统的单一 BOM 的输入和输出

主干系统（主机）

- 主体
- ASSY（起初）
- 零件（标准）
- ASSY（选项）

输入：
- 出图（BOM）
- 标准制造 LT
- 标准订货单价、交货 LT
- 设计变更
- 案例预测
- 生产计划
- 不同制造编码设计

输出：
- 标准零件准备指令
- 标准制造指令
- 不同制造编码零件指令
- 不同制造编码生产指令

标准 BOM　标准选项

用户手册管理

- 现在几乎没有标准化结构的批量生产，大部分案例中的产品结构都是"以标准化结构为基础、持有不同案例的固有部分"。因此，不同案例的最新结构不再通过 BOM 来体现，降低了装置整体规格的整合度、生产进度的验证精准度和效率。
- BOM 可以自动准备零件并下达标准零件的制造指令，但 BOM 不能处理特定的零件。因此，需要参考用户手册，采用人工的方式对这些零件进行备货和制造。结果，就降低了设计和生产管理部门的工作的效率和精准度。
- 服务部门对交付给客户的装置进行维修保养时，出货时的结构确认和特定方式需要消耗一定的时间，导致维修所需的零件备货以及服务的效率和准确性有所下降。

- 由于多个部门在同一时间更新一个 BOM，根据更新时间的差异或者操作失误，可能会造成 BOM 数据的非一致性，降低生产管理的效率和精准度。
- 虽然不是主干系统的 BOM 引发的问题，但是系统中有很多针对不同项目的定制订单，导致设计工时有所增加。此外，规格变更在接收订单后依然持续，招致零件废弃、需要改造已完成安装的产品等失误。

图表 39 是整理以上结果、追加原因后的问题和解决方针。解决方针的基本构思是通过按目的类别划分的 BOM 将以往用主机管理的单一 BOM 和手工操作分离到各自的管理部门和信息系统中，并且最终转移到 PLM 和 ERP 中（图表 40）。

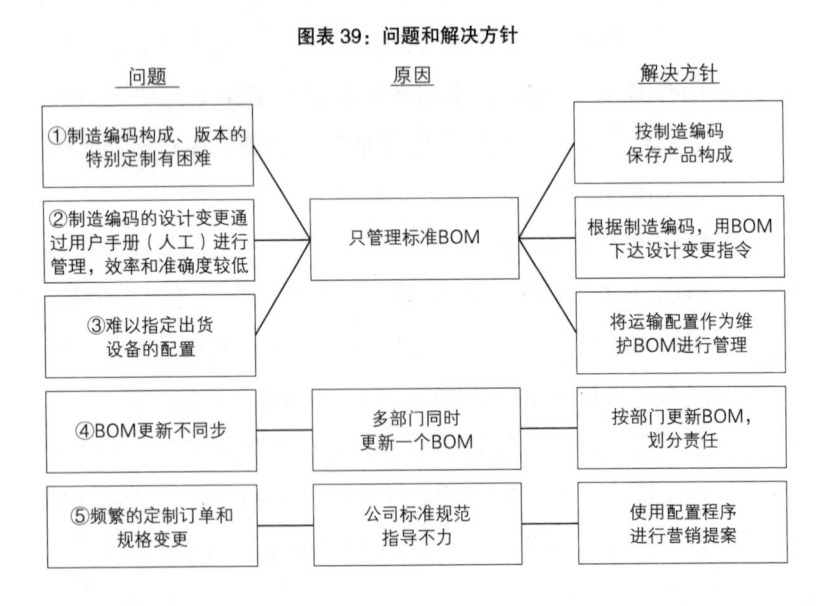

图表 39：问题和解决方针

问题	原因	解决方针
①制造编码构成、版本的特别定制有困难	只管理标准BOM	按制造编码保存产品构成
②制造编码的设计变更通过用户手册（人工）进行管理，效率和准确度较低		根据制造编码，用BOM下达设计变更指令
③难以指定出货设备的配置		将运输配置作为维护BOM进行管理
④BOM更新不同步	多部门同时更新一个BOM	按部门更新BOM，划分责任
⑤频繁的定制订单和规格变更	公司标准规范指导不力	使用配置程序进行营销提案

第 2 章　更换主机是 BOM 重建的契机

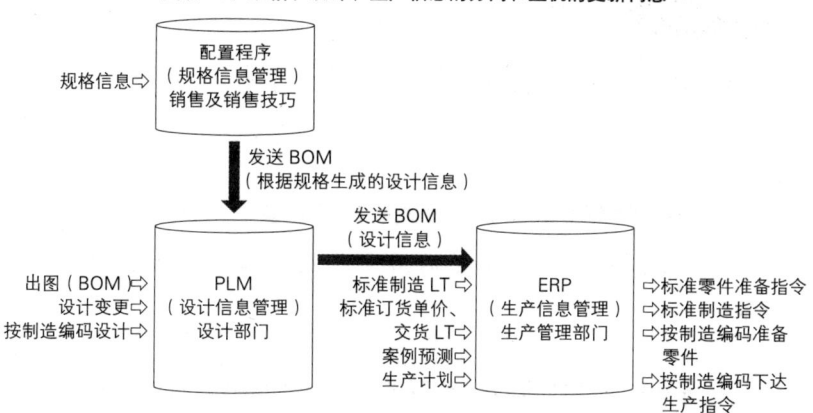

图表 40：规格、设计、生产信息的分离和主机的更新构想

规格信息 ⇨ 配置程序
（规格信息管理）
销售及销售技巧

↓ 发送 BOM
（根据规格生成的设计信息）

出图（BOM）⇨
设计变更 ⇨
按制造编码设计 ⇨

PLM
（设计信息管理）
设计部门

→ 发送 BOM
（设计信息）

标准制造 LT ⇨
标准订货单价、
交货 LT ⇨
案例预测
生产计划

ERP
（生产信息管理）
生产管理部门

⇨ 标准零件准备指令
⇨ 标准制造指令
⇨ 按制造编码准备零件
⇨ 按制造编码下达生产指令

079

解说③

BOM的历史数据管理方式（1）

◎**BOM 的历史数据管理方式的两种类型**

如图表 41 所示，BOM 的历史数据管理方式大致上分为两种。

图表 41：BOM 的历史数据管理方式（Loose Structure 和 Tight Structure）

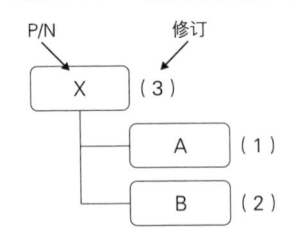

```
  P/N      修订              P/N      修订
   ↓        ↓                 ↓        ↓
  ┌─┐                        ┌───┐
  │X│   (3)                  │X,3│
  └┬┘                        └─┬─┘
   ├──┌─┐                      ├──┌───┐
   │  │A│   (1)                │  │A,1│
   │  └─┘                      │  └───┘
   └──┌─┐                      └──┌───┐
      │B│   (2)                   │B,2│
      └─┘                         └───┘

   Loose Structure              Tight Structure
（接收订单的批量生产、        （少量接收订单、面向个性化的定制生产）
  面向计划的批量生产）
```

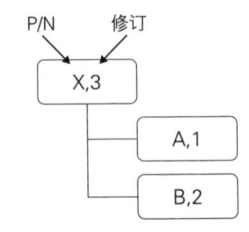

(1) 面向批量生产型制造业的 BOM 历史数据管理方式

第一种类型是"Loose Structure"（松散结构，由作者命名），面向批量生产型制造业。品类信息持有的修订版主要用于表示设计和生产管理上的差异信息，而配置信息由使用不包含修订版的 P/N［Part Number（零件编码）的缩略语］信息作为关键词来定义（参照图表 41 左侧）。

Loose 的意思是"松散"。即便配置信息更新了修订版，上位的 ASSY（父级装配）的修订升级也是可选的。

在批量生产的流程中，当出现变更具有互换性的设计时，由于经常会选用自然切换（Running Change，消耗完旧修订版的零件后，替换成新修订版的变更方式），所以修订版管理会更加灵活。Loose Structure 和这种生产方式的匹配度很高。

但其中也存在一个问题，那就是当某个零件由于缺陷而被强制修改（切换）时，很难通过追加确认找出哪个修订版的完成品适用该变更。采取划分 P/N 的方式不失为一种对策，因为它很容易被识别。但是在 Loose Structure 中，展开最新结构属于基本操作，还需要采取其他对策追溯历史数据。关于这部分内容，我将在后续进行说明。

(2) 面向个性化定制生产（制造编码管理）型制造业的 BOM 历史数据管理方式

第二种类型是面向个性化定制生产型的"Tight Structure"（紧凑结构，由作者命名）。BOM 的父子结构关系是以"P/N 信息+修订"为关键词定义的（图表41 右侧）。

这种方式最基本的规则是，一旦更新子级 ASSY 的修订版，必须更新父级 ASSY 的修订版。

同这种历史数据管理方式相匹配的，是少量接收订单生产型或面向个性化定制生产型的产品（半导体制造装置或机床）。这是因为在开发或生产期间会要求管理构成零件和修订版本，并且需要重复提供与先前交付几乎相同的构成零件和修订版本。

这种方式有一个优点，那就是能够提供高精确度的服务。交货后，需要提供售后零件或进行维修服务时，企业实际已经掌握了包括交货后的修订版的产品的结构。

此外，由于 Loose Structure 会优先展示最新修订版，所以一般不会再展示旧修订版的零件。而在 Tight Structure 中，由于关键词中包含所有修订版，所以旧修订版的零件也能成为展示对象。也就是说，新、旧修订版可以共存。同时，在交货后很长的一段时间里，生产设备也需要提供旧修订版的零件，这也是该方式适合的原因之一。

BOM 的构成、历史数据的管理方式到底适合哪种类型，关键还是要根据企业自身的业务环境、开发和生产的特征来决定。

◎适合批量生产型制造业的 BOM 历史数据管理方式

批量生产型制造业多采用 Loose Structure 的历史数据管理方式。在 Loose Structure 中，修订版的升级可根据产品编码（ASSY 或零件）独立判断。接下来，我们根据变更场景来认识一下 Loose Structure 的历史数据管理。

以单一 BOM 模式（共三个项目，由 ASSY 和两个子级零件组成）为例。我假设了一种情况，即从设计师的视角出发，根据变更场景，对设计 BOM 进行了一些修改（图表 42）。

● 变更前：

它是 BOM 模型的基础，于 1 月 10 日发布新修订版。三个项目的修订版均为 1。

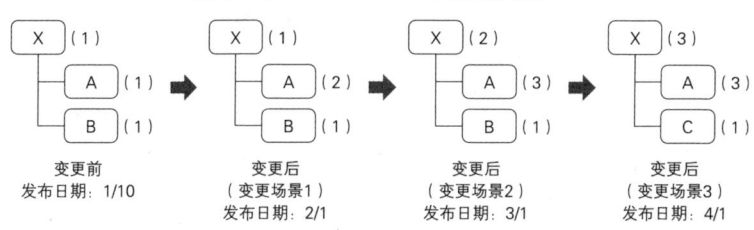

第 2 章　更换主机是 BOM 重建的契机

图表 42：Loose Structure 中的变更场景

```
   X (1)          X (1)          X (2)          X (3)
   ├─ A (1)       ├─ A (2)       ├─ A (3)       ├─ A (3)
   └─ B (1)       └─ B (1)       └─ B (1)       └─ C (1)

   变更前         变更后         变更后         变更后
发布日期：1/10  （变更场景1）  （变更场景2）  （变更场景3）
               发布日期：2/1  发布日期：3/1  发布日期：4/1
```

● **变更场景 1**：

在 2 月 1 日将构成零件（A，1）修订版更新到（A，2）。上位的 ASSY 没有更新修订版，所以变化只有这些。由于对上位 ASSY 的（X，1）产生影响，所以没有进行修订版更新。

● **变更场景 2**：

在 3 月 1 日将构成零件（A，2）修订版更新到（A，3）、上位 ASSY 的（X，1）修订版更新到（X，2）。这个规则的前提是：属于以下情况时，要更新上位 ASSY 的修订版。

- 有必要出具上位 ASSY 的订正图纸。
- 有必要在上位 ASSY 中提取成本管理上的变化点。
- 有必要向客户提交报告、获取品质上的变化点。
- 在库存管理方面，有必要将上位 ASSY 列为其他品类进行管理。

● **变更场景 3**：

在 4 月 1 日将构成零件（B，1）置换成（C，1）、上位 ASSY 的（X，2）修订版更新到（X，3）。这个规则的前提并不是更新修订版，而是 P/N 会在以下情况变更为不同的产品编号。

083

- 明确表示零件没有互换性（不兼容）。
- 该零件在多个产品中作为通用零件使用，但仅会在特定产品中发生置换（其他产品继续使用）。

Loose Structure 方式的优点如变更场景 1 所述，上位 ASSY 的修订更新比较随意，变更的负担较低。同时，它也存在无法根据上位 ASSY 识别子级零件的修订版的问题。接下来，我将论述这个问题的解决方法。

◎ Loose Structure 中的修订版识别对策

在 Loose Structure 中，识别以往的 BOM 修订版有两种对策。

● 通过截图识别

像 Loose Structure 一样，即便没有用修订版之间的关系管理父子关系，也可以考虑采用类似照片的保存方式，即把含有某一瞬间修订版的结构抓拍下来（图表 43）。

图表 43：根据抓拍识别修订版

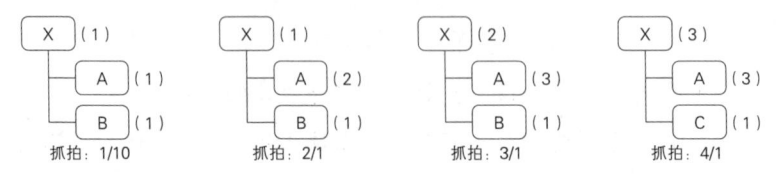

```
X (1)            X (1)            X (2)            X (3)
├ A (1)          ├ A (2)          ├ A (3)          ├ A (3)
└ B (1)          └ B (1)          └ B (1)          └ C (1)
抓拍：1/10       抓拍：2/1        抓拍：3/1        抓拍：4/1
```

例如，出图或重要的设计变更等可以在必要的时机抓取截图，重现某一时间节点的含有修订版的 BOM 结构。在 Loose Structure 中，这属于必不可少的对策。

第2章 更换主机是BOM重建的契机

● 通过有效期识别

利用添加在 BOM 中的有效期，展开某个时间节点的 BOM 和修订版也是一个好对策。所谓有效期是指一个展开条件，在指定日期创建 BOM 时，如果在有效期内就展开品类或创建结构，如果不在就不展开。

将对应图表 42 的变更场景的有效期设定为零件和结构的属性（图表 44 左侧）。我们可以按顺序逐一进行确认。

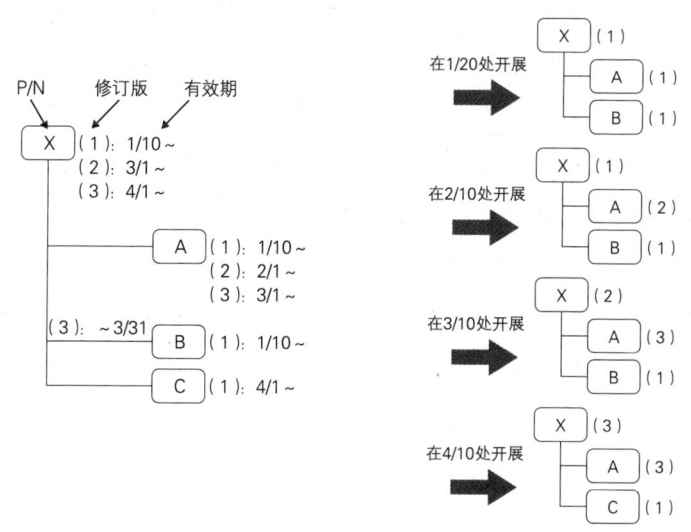

图表44：通过有效期识别 BOM 和修订版

```
P/N    修订版      有效期
 X    (1): 1/10~
      (2): 3/1~
      (3): 4/1~
      ├─ A  (1): 1/10~
      │     (2): 2/1~
      │     (3): 3/1~
      ├(3): ~3/31
      ├─ B  (1): 1/10~
      └─ C  (1): 4/1~
```

在1/20处开展 → X(1) ─ A(1), B(1)

在2/10处开展 → X(1) ─ A(2), B(1)

在3/10处开展 → X(2) ─ A(3), B(1)

在4/10处开展 → X(3) ─ A(3), C(1)

- (X, 1)、(A, 1)、(B, 1) 是 1 月 10 日新发布的，各品类（P/N+修订版）的有效期设定为 "1/10~（有效期从 1 月 10 日开始）"。
- 在变更场景 1 中，(A, 2) 是 2 月 1 日发布的，设定

085

（A，2）的品类的有效期为"2/1~（有效期从2月1日开始）"。

- 在变更场景2中，(A，3)和(X，2)是3月1日发布的，各品类的有效期设定为"3/1~（有效期从3月1日开始）"。
- 在变更场景3中，(B，1)置换成(C，1)的变更信息是4月1日发布的，设定(C，1)的品类的有效期为"4/1~（有效期从4月1日开始）"。由于在本结构中不再使用(B，1)，而在其他结构中依然可以继续使用，所以设定X和B（不设定品类）的"结构"的有效期为"~3/31（有效期截至3月31日）"。

图表44右侧是有效期的结构展开结果。例如，从日期为2/10的X处展开结构，可以看到2/1发布的(A，2)。

值得注意的是，很多PLM或ERP行业方案包具备有效期管理功能，能够设定任意一个有效期。如果两者都使用此功能，可能会发生冲突。

最终是用PLM还是ERP设定BOM的有效期，需要从整体一致性的角度判断，这一点还需要多加留意。

4 目的多元的 BOM 的理念和效果分析

新的 BOM 理念及效果是什么？

• 从单一 BOM 向目的多元的 BOM 的转换

接下来，项目组着手将解决方针具体化的工作。图表 45 展现的场景是将以往的单一 BOM 分离为目的多元的 BOM，并明确了各自对应的管理职责和处理流程。

- 最左边是设计 BOM（标准）的结构，它定义了标准装置主体和标准选项的等效项。它同目前主干系统中的单一 BOM 的概念很相近，但又有所不同——标准设计部门有管理职责，仅掌握技术信息（例如，虽然能接收零件的规格信息，但无法接收采购 LT 信息）。
- 此外，从历史数据管理的角度来看，标准 BOM 用于标准开发，采用的是 Loose Structure 方式，往往持有最新的版本（参照解说③④）。因此，可以定义并管理尚未移交生产的修订版零件和图纸。
- 左数第二个是对与每个项目中设定的制造编码相对应的

图表45：通过连接目的多元的 BOM 对产品生命周期进行管理

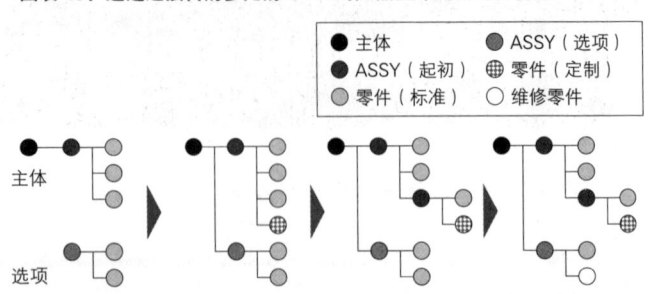

● 主体　　　　● ASSY（选项）
● ASSY（起初）⊕ 零件（定制）
○ 零件（标准）○ 维修零件

名称	设计 BOM（标准）	设计 BOM（制造编码）	生产 BOM（制造编码）	维修 BOM（按制造编码分类）
管理DB	PLM	PLM	PLM⇒ERP	PLM
责任部门	标准设计	定制设计	生产管理	服务

设计 BOM（制造编码）进行管理的结构。它结合了定制规格的标准配置和选项，还添加了定制零件。此外，从历史数据管理的角度来看，设计 BOM（制造编码）采用的是由实际排列的修订版构成的 Tight Structure（参照解说③④）方式。由此，即使更新了设计 BOM（标准）的修订版，也能够判断并决定对该 BOM 的应用。

· 左数第三个是生产 BOM（制造编码），采用的是不同制造编码的生产构成。生产管理部门会删除生产指示和订货所需的中间产品的追加订单，以及该公司无须采购的零件（供应商准备的零件）。此处完成配置后，再将 BOM 的数据传送到主干系统。

· 最右边是维修 BOM（按制造编码分类），在这里保存出货时间的构成。此外,服务部门在更换维修零件后,要负责更新 BOM。

- **确认效果**

预期效果的推测结果如图表 46 所示。定性效果中记录了期待通过各种解决方案提高业务品质的精度和效率的事项,定量效果则将业务效率量化为工时削减率,留作投资回报的证据资料。

图表 46:问题结构和预期效果(定性和定量)

解决方案	定性效果	定量效果(工时削减率)
导入不同制造编码的 BOM	提高制造编码结构识别的精度和效率	50%
按不同产品编码 BOM 变更管理	提高设计变更的精度和效率	20%
导入维修 BOM	提高维修业务的精度和效率	20%
导入特定用途的 BOM	提高 BOM 的精度	10%
使用配置器的提案型销售	减少设计变更次数	30%

(关于定量效果的计算,请参考第 3 章 "4 定量效果的推定方法" 和第 6 章 "8 效果分析的要点"。请注意,定量效果原本应该用数字而不是百分比来表示,但是考虑出版书籍的方便,此处采用了百分比而不是金额或削减工时数来表示。此外,由

于解决方案"使用配置器的提案型销售"会在第 5 章进行阐述，因此本章省略了有关该内容的具体说明。)

◎本项目结束后

完成构思企划阶段后要制作 RFP（提案委托书，解说⑩中另行说明），决定系统的开发委托方，进入系统构建阶段。

从同时导入按制造编码的 BOM 和目的多元的 BOM 的角度看，本项目业务改革的力度很大。因此即使在系统发布后，项目组也需要支持新业务的执行，让客户逐渐习惯新业务，慢慢稳定下来。

项目组的下一步计划，是将计算机主机移至 ERP，推进准备工作。

> 解说④

BOM的历史数据管理方式（2）

◎**基于 Tight Structure 的 BOM 历史数据管理**

在"解说③：BOM 的历史数据管理方式（1）"中，BOM 的历史数据管理方式大致分成两种：一种是面向批量生产的"Loose Structure"；另一种是面向个性化定制生产的"Tight Structure"。

在这里，我主要想解释"在个性化定制生产、制造编码管理方式中如何管理设计 BOM 的历史数据"。半导体制造装置、机床、厂房设备等会因客户和号机的不同出现选项差异或特殊订购的情况，因此此类行业中经常会采用制造编码的管理方式。

图表 47 是对 Tight Structure 中的单一设计 BOM 实施两次设计变更的场景。Tight Structure 方式的特征是，如果子级零件的构成发生变化，必须升级父级 ASSY 的修订版。在第一次变更中，子级零件升级；在第二次变更中，子级零件更换为其他零件。

图表 48 是对 Tight Structure 的多层级 BOM 模型实施变更的场景。当 BOM 在 Tight Structure 中处于一个多层级的情况时，需要连续升级到最高级别的 ASSY，因此即使只有一个末端零件发生了变更，也会加重变更处理的负荷。

图表 47：通过 Tight Structure 的 BOM 的版本升级

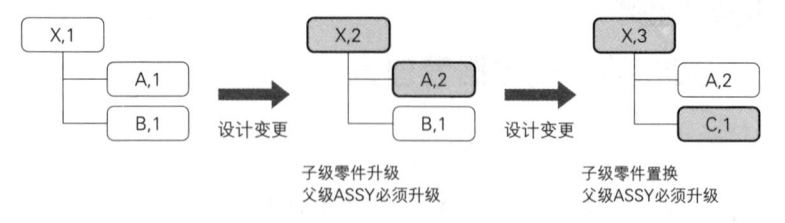

```
X,1 ──┬── A,1        X,2 ──┬── A,2        X,3 ──┬── A,2
      └── B,1   设计变更    └── B,1   设计变更    └── C,1
                        子级零件升级              子级零件置换
                        父级ASSY必须升级          父级ASSY必须升级
```

图表 48：Tight Structure 中的父级 ASSY 的连续修订

```
X,1                         X,2
 └─ Y,1                      └─ Y,2
     └─ Z,1      设计变更         └─ Z,2
         └─ A,1                       └─ A,2
```

但它也有一个优点，即通过从父级 ASSY 展开子级零件，可以根据 BOM 确定包含修订版的子级零件结构。如图表 49 所示，父级 ASSY 中含有三个修订版本。展开各个版本，即可重现出如图表 49 所示的三个状态。

这个优点在半导体制造装置、机床、厂房设备等产业机械设备行业中很受用。在这些行业中，制造编码不同，变更适用的时机也不同。从结果上来看，构成零件和组件的修订版会因出货号机的不同而不同。正确管理各号机的结构和修订版本，对于添加和更改已交付产品的功能、提高维修和保养零件的准确性，以及促进基于相同修订结构的重复生产等方面都有效。

从这些理由来看，这些行业的业务需求和 Tight Structure 的历史数据管理很匹配。

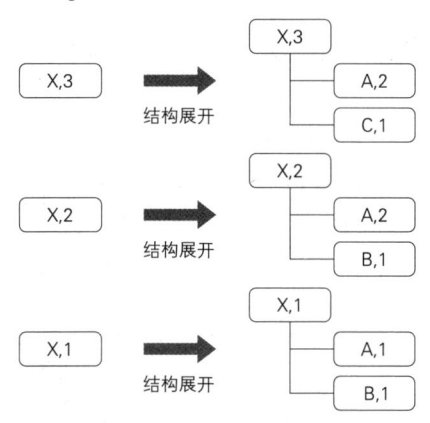

第 2 章 更换主机是 BOM 重建的契机

图表 49：Tight Structure 中从父级 ASSY 向子级零件展开

```
X,3  →  结构展开  →  X,3 ─ A,2
                          └ C,1

X,2  →  结构展开  →  X,2 ─ A,2
                          └ B,1

X,1  →  结构展开  →  X,1 ─ A,1
                          └ B,1
```

图表 50 总结了设计 BOM 的历史数据管理方式的对比结果。因为无论哪种方式都存在优点和缺点，所以针对公司的产品和生产形态，经过充分讨论再决定恰当的管理方式是非常重要的。

◎**模块型开发的 BOM 历史数据管理**

在个性化定制生产中，为了在抑制开发工时的同时满足客户需求，一般的开发方法是将标准开发、每个制造编码的客户选项和特别订购并行推进。

当然，个性化定制生产并非全部要用制造编码来进行管理，其中有很多部分由标准模块和标准选项构成，只需要根据客户需求的差异进行订单开发。

在这种情况下，设计 BOM 的历史数据管理一般会通过"Loose Structure"和"Tight Structure"的混合方式进行应对。

图表 50：BOM 历史数据管理方式的差异总结

BOM 历史数据管理方式	优势	劣势	适合的生产类型、行业种类
Loose Structure	• BOM 的变更负荷较低。 • 可以根据库存状态灵活操作变更作业流程等。	• 无法指定 BOM 的下级构成零件的修订版本（需要抓取截图管理等）； • 多个修订版本品类无法共存（原则、替换）； • BOM 修订判断由设计师随意进行。	• 按库存生产； • 按订单生产（大量）； • 汽车、电子装置、精密仪器。
Tight Structure	• 可唯一指定 BOM 下级的构成零件； • 多个修订版本的品类可以共存； • 可实现 BOM 修订规则的简单化。	• BOM 的变更负荷较高（步骤数量、等待处理时间）； • 很难根据库存状态灵活操作变更作业流程等。	• 按订单生产（少量）； • 个性化定制生产（制造编码管理）； • 半导体制造装置、机床、通信设备、冷热设备、其他产业机械。

图表 51 是同时进行制造编码开发和标准模块开发、多个制造编码和标准模块共存的管理模式。

图表 51：模块型开发的 BOM 历史数据管理方式

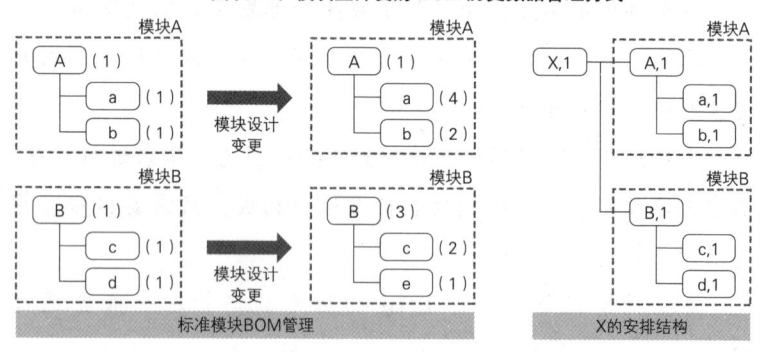

模块A
- A (1)
  - a (1)
  - b (1)

模块设计变更 →

模块A
- A (1)
  - a (4)
  - b (2)

模块A
- X,1 — A,1
  - a,1
  - b,1

模块B
- B (1)
  - c (1)
  - d (1)

模块设计变更 →

模块B
- B (3)
  - c (2)
  - e (1)

模块B
- B,1
  - c,1
  - d,1

标准模块BOM管理　　　　　X的安排结构

第 2 章　更换主机是 BOM 重建的契机

标准模块开发采用 Loose Structure 进行管理。标准模块基本上是批量生产，开发者往往会考虑最新结构进行开发。需要注意的是，制造编码的安排结构将在安排完成的一瞬间的模块构成（BOM 和修订版）中被冻结。在图表 51 中可以看出，模块 A、模块 B 都是在修订为"1"时进行安排的。因为安排结构属于 Tight Structure，所以包含该修订版的结构都被固定下来了。

开发包括标准模块在内的制造编码的过程中，需要在设计 BOM 的系统展开逻辑方面下功夫。图表 52 显示了安排结构的制造编码展开和最新展开之间的差异。前者是制造编码展开，在安排时展开冻结的安排结构。后者使用标准模块的最新修订版来展开安排结构。

图表 52：模块型开发的 BOM 中的两种结构展开

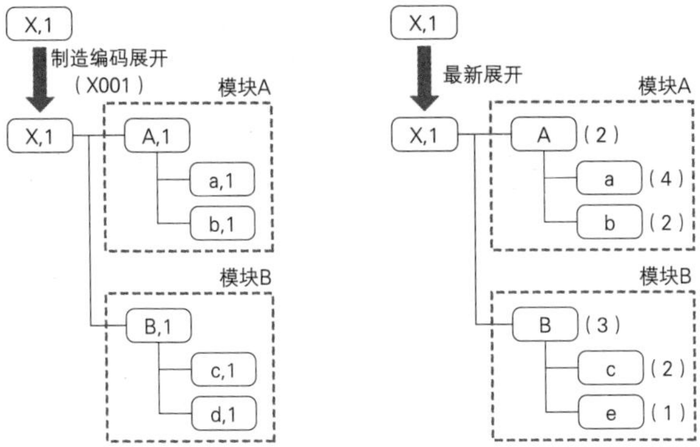

```
制造编码展开                         最新展开
（X001）

X,1                                 X,1
├─ X,1                              ├─ X,1
│   ┌─ 模块A ─┐                        ┌─ 模块A ─┐
│   │ A,1    │                        │ A (2)   │
│   │  ├ a,1 │                        │  ├ a (4)│
│   │  └ b,1 │                        │  └ b (2)│
│   └────────┘                        └─────────┘
│   ┌─ 模块B ─┐                        ┌─ 模块B ─┐
│   │ B,1    │                        │ B (3)   │
│   │  ├ c,1 │                        │  ├ c (2)│
│   │  └ d,1 │                        │  └ e (1)│
│   └────────┘                        └─────────┘
```

后者的目的是在重复接收同一机种订单的情况下，能够生成应用最新修订模块的 BOM。

第 3 章

以设计 BOM 为轴心的技术信息管理和投资回报率评价

本章要点

本章将介绍对汽车零件制造商 C 公司的全球技术信息管理实施的 BOM 重建和投资回报率的推定方法。我曾有机会与业务改革的推进负责人沟通，他们提出的问题大都是关于如何起草企划案的。尤其是 BOM，它作为信息基础设施，很难解释收支方面的投资效果。

此外，本章选取的主题内容是全球水平的信息管理和共享业务的效率化。近年来，在海外基地进行产品开发和设计的企业逐渐增多，而在全球范围内进行开发将会面临两个课题：日本国内和海外的协调设计，以及技术信息的共享方法。

本章将针对这些问题给出一个解决方案。

- 在改革背景下，说明 C 公司启动本项目的背景和目前存在的问题。
- 针对项目组提出的改革愿景（企划）进行说明。
- 最后，在提交企划案时，介绍实施的定量效果的推定方法。

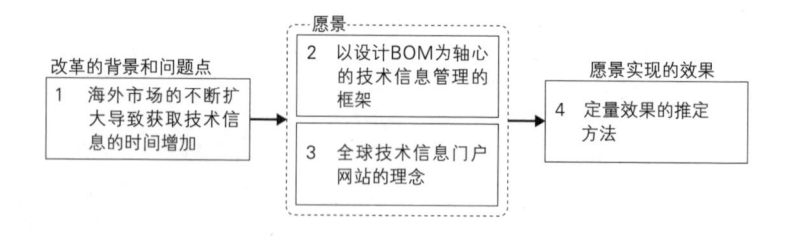

改革的背景和问题点
1 海外市场的不断扩大导致获取技术信息的时间增加

愿景
2 以设计BOM为轴心的技术信息管理的框架
3 全球技术信息门户网站的理念

愿景实现的效果
4 定量效果的推定方法

第3章 以设计 BOM 为轴心的技术信息管理和投资回报率评价

1 海外市场的不断扩大导致获取技术信息的时间增加

决定全球技术信息管理改革的背景是什么？

• 价值链的变化

C 公司是一家面向全球市场进行生产和销售的汽车零件制造商。目前，其产品设计主要在日本国内的开发基地进行。

图表 53 是 C 公司设想的以往、现在和未来的价值链的变化。十年前，C 公司主要向日本国内的汽车制造厂、一级供应商提供产品。因此，其设计、生产技术、生产流程等全都是在日本国内进行的。

但是，随着汽车制造商将生产基地转移到海外，C 公司的价值链在十年里发生了巨变。如图表 53 的中间部分所示，在目前的价值链中，设计是由日本国内的开发基地负责的，而生产技术和生产方面存在日本国内和海外两条途径。C 公司确定生产基地的基本思路是在靠近市场（汽车制造商的工厂）的地方进行生产。例如，中国工厂负责面向中国市场的生产。但实际上，由日本国内的生产技术部门负责工序和设备设计，在海外

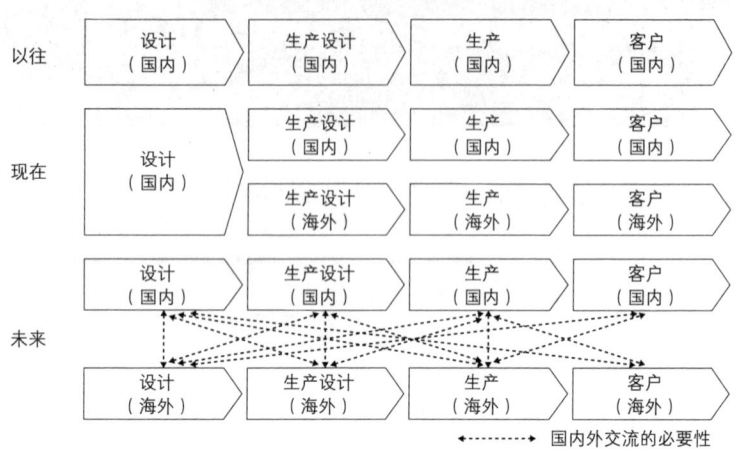

图表53：市场的全球化与价值链沟通的变化

| 以往 | 设计（国内） | 生产设计（国内） | 生产（国内） | 客户（国内） |

现在：
- 设计（国内）→ 生产设计（国内）→ 生产（国内）→ 客户（国内）
- 设计（国内）→ 生产设计（海外）→ 生产（海外）→ 客户（海外）

未来：
- 设计（国内）→ 生产设计（国内）→ 生产（国内）→ 客户（国内）
- 设计（海外）→ 生产设计（海外）→ 生产（海外）→ 客户（海外）

←------→ 国内外交流的必要性

进行生产的情况也很普遍。

在不久的将来，如图表 53 的下半部分所示，设计流程也会向海外扩展。C 公司的目标是迅速响应当地市场的需求。为此，需要在全球范围内共享尖端技术信息，让每一个基地都能获取同样的信息，进而打造出一个适用于产品开发的环境。

遗憾的是，现实并非如此。C 公司从现场得到的反馈是："随着海外基地的增加，基地之间共享信息的效率正在逐渐降低。"其原因是基地地理位置的分散度高，获取信息的过程复杂，以及经常发生的人力和时间的浪费。

例如，日本国内的设计部门接到了客户（汽车制造商）的要求："请汇总并发给我某个零件的设计信息、生产批次的制造条件和品质记录。"设计部门可以在短时间内获取其自身管理的图纸信息，但如果是在海外基地生产的话，制造条件信息、设

第 3 章 以设计 BOM 为轴心的技术信息管理和投资回报率评价

备信息和生产时间节点的品质记录信息等全都会保存在海外基地，设计部门需要通过他人搜索、收集这些信息，确认图纸和制造条件的一致性，整理后再向客户汇报。这些手续是导致业务效率低下的重要原因。

此外，设计和生产分散在日本国内和海外的情况越来越多，导致设计和生产技术的并行工程比在同一基地更难实施。同时，市场对缩短开发过程周期的要求进一步提高，当务之急是打造全球范围内不依赖于基地的开发环境、整备信息共享的基础。

2 以设计 BOM 为轴心的技术信息管理的框架

全球统一管理和共享技术信息的框架是什么？

• 技术信息管理的实际情况

就是在这样的背景下，C 公司的经营者成立了项目组。随后，项目组立即对日本国内外的技术信息的管理状态和信息共享的流程进行了调查。

图表 54 是日本国内的技术信息的管理状态图。此次调查明确了以下内容。

- 图纸由图纸管理系统进行管理，日本国内任何一个部门都可以参考。
- 图纸以外的技术信息的电子数据保存在各部门的服务器中，纸质信息保存在部门的文件柜中。
- 部门服务器按照各部门自己的规则运行，原则上不向其他部门公开技术信息。
- 应其他部门的申请请求，可以提供电子数据和纸质信息。
- 从其他部门获取的信息，复制后会保存在本部门的服务

第3章 以设计BOM为轴心的技术信息管理和投资回报率评价

器中,因此这些信息不一定是最新数据(信息会出现未更新的情况)。

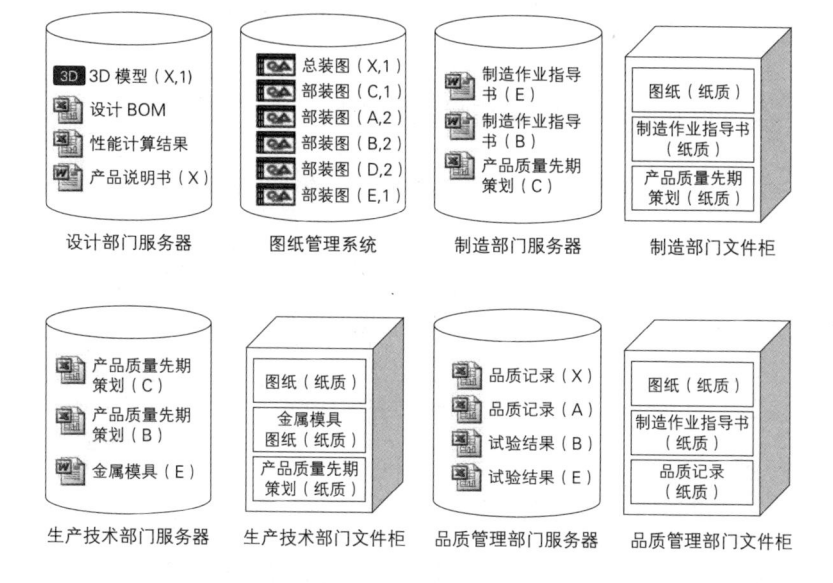

图表54:分散管理的技术信息

设计部门服务器	图纸管理系统	制造部门服务器	制造部门文件柜
3D模型(X,1) 设计BOM 性能计算结果 产品说明书(X)	总装图(X,1) 部装图(C,1) 部装图(A,2) 部装图(B,2) 部装图(D,2) 部装图(E,1)	制造作业指导书(E) 制造作业指导书(B) 产品质量先期策划(C)	图纸(纸质) 制造作业指导书(纸质) 产品质量先期策划(纸质)

生产技术部门服务器	生产技术部门文件柜	品质管理部门服务器	品质管理部门文件柜
产品质量先期策划(C) 产品质量先期策划(B) 金属模具(E)	图纸(纸质) 金属模具图纸(纸质) 产品质量先期策划(纸质)	品质记录(X) 品质记录(A) 试验结果(B) 试验结果(E)	图纸(纸质) 制造作业指导书(纸质) 品质记录(纸质)

也就是说,虽然共享了图纸等制造的关键信息,但是很多技术信息是由部门管理的,只有通过人才能获取。

此外,项目组还调查了获取技术信息的流程。图表55是客户咨询的整个流程[从收到客户询问(设计信息、制造条件、实绩信息等)到回复客户询问]。这是在海外工厂生产的案例,可以看出有许多人介入其中。

①客户咨询设计部门;

②设计部门向海外工厂的派驻人员咨询必要信息;

③派驻人员咨询相关部门并委托其收集必要信息;

103

④相关部门从文件柜中搜寻部门管理的信息，将资料发给派驻人员；

⑤派驻人员整合资料后发送给提出咨询的设计部门；

⑥设计部门在确认、整理内容后，回复客户。

获取其他技术信息的流程也是如此。

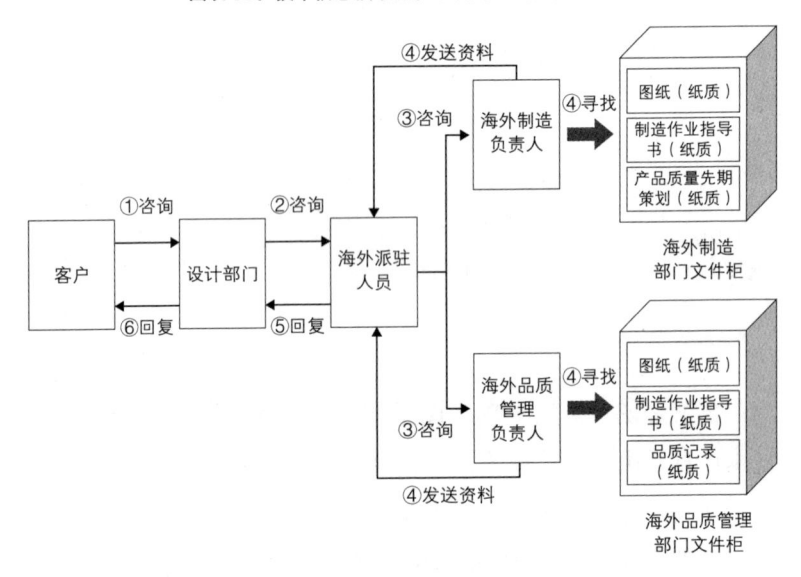

图表55：技术信息获取路径示例（应对客户咨询）

• 集中管理的框架

项目组在这些调查结果的基础上构思出一个以设计BOM为轴心、集中管理开发和生产相关信息的框架（图表56）。其重

第3章 以设计 BOM 为轴心的技术信息管理和投资回报率评价

点如下。

- 开发、生产所需的技术信息电子化，在全球范围内统一管理，任何一个基地都可以参照相同的信息。
- 无法向其他基地或其他部门公开的信息，根据需求设定访问权限。
- 技术文件与构成设计 BOM 的"品类信息"互相建立关联。
- 销售、设计、成本策划、样本、购买、制造、品质保证等，原则上将开发和生产流程中制作的技术文件与设计 BOM 进行关联管理。

图表 56：以设计 BOM 为轴心的技术信息综合管理的框架

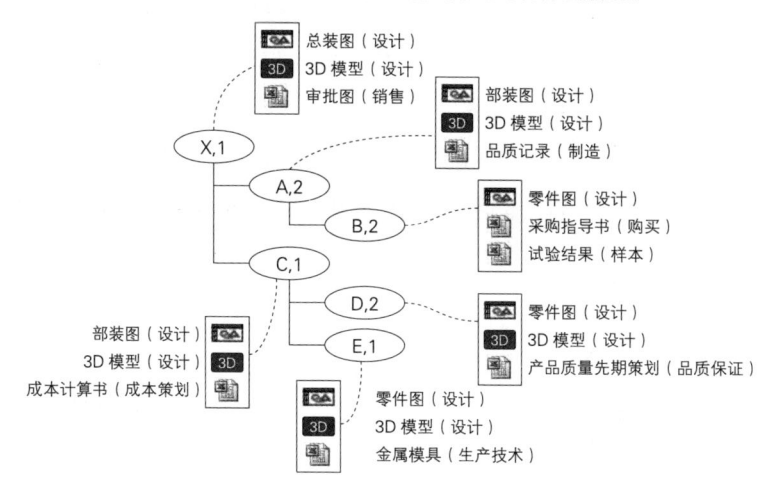

```
                         总装图（设计）
                         3D 模型（设计）
                         审批图（销售）         部装图（设计）
                                              3D 模型（设计）
          X,1                                 品质记录（制造）
           │
           ├── A,2
           │    └── B,2                       零件图（设计）
           │                                  采购指导书（购买）
          C,1                                 试验结果（样本）
           │
           ├── D,2                            零件图（设计）
           │                                  3D 模型（设计）
   部装图（设计）      E,1                      产品质量先期策划（品质保证）
   3D 模型（设计）
   成本计算书（成本策划）
                                              零件图（设计）
                                              3D 模型（设计）
                                              金属模具（生产技术）
```

解说⑤

PLM系统的功能概要

实现以设计 BOM 为轴心的技术信息管理，需要充分利用 PLM 系统。PLM 是 Product Lifecycle Management 的缩写，意思是产品生命周期管理。这是一种将产品开发视为生命周期（从产品企划、设计、生产技术、生产、发货、服务到生产结束）进行统一管理，以加强企业开发能力的管理方法。

管理整个产品生命周期的系统被称为 PLM 系统，大多数的组装类、加工类的制造型企业会利用该系统进行技术信息管理。虽然使用 PLM 软件包的企业不在少数，但是也有企业选择从零开始搭建自己的 PLM 系统。

接下来，我将介绍 PLM 的代表性功能。由于 PLM 软件包功能各异，所以实际讨论导入该系统时，建议参考由 PLM 供应商提供的与产品模型、功能相关的信息。

◎发号管理

这是一种在全球范围内统一管理与技术信息相关的发号处理的功能。具有代表性的编码有产品编码、零件编码、图纸编码、文件编码、设计变更编码。

通过统一管理发号处理，包括海外基地在内的整个企业集团都可以编制自己独有的编码。

第3章 以设计 BOM 为轴心的技术信息管理和投资回报率评价

如果 CAD 和 PLM 系统的客户提出"PLM 系统的发号功能要采用新编码"的要求,那么系统会发布符合编码规则的零件编码并在文件中输出。

◎零件管理

这是一种统一管理零件的属性、供应商信息、成本信息、产地信息、规格等的功能。其与 CAD 和 ERP 相结合,能够活用技术信息、进行供应链管理(SCM)。

此外,其还可以运用于系统地、分阶段地管理零件分类,加速推进零件的标准化。通过对零件分类进行分层,可以实现从上位到下位的规格延续,检索出超越分类的零件。例如,陶瓷电容器需要通过详细的零件分类进行检索,而电容器这种上位的抽象分类,能够检索出多种电容器种类。

◎构成管理(设计 BOM 管理)

构成管理是 PLM 系统最具代表性的功能,也是在本章出现过的一个功能。可以将产品构成作为设计 BOM 进行管理,将构成设计 BOM 的品类和与之相关的文档结合起来进行统一管理。

图表 57 是依据构成管理的、将产品构成和相关文档进行统一管理的示意图。产品构成经由设计 BOM 展现,设计 BOM 由装配和零件等品类信息构成。PLM 系统会以文档形式管理 3D 模型、图纸、说明书和试验结果等技术信息,并且通过"相关性"与品类信息相互关联。

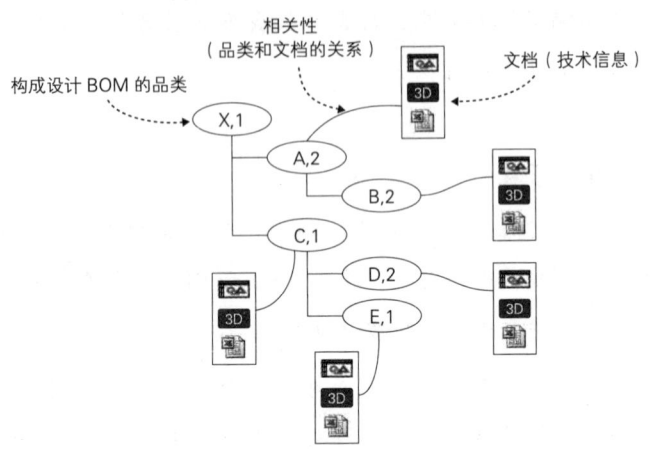

图表57：PLM系统中的构成管理示意图

构成设计BOM的品类 → X,1
相关性（品类和文档的关系）
文档（技术信息）

```
X,1
├── A,2
│   └── B,2
└── C,1
    ├── D,2
    └── E,1
```

而且，这些技术信息无须考虑基地和服务器，所有客户均可自由登录、更新、浏览信息。当然，多个业务部门或集团企业共同使用该数据库时，一般会设定访问权限，限制更新或浏览。

◎ 集成BOM管理

这是PLM系统的一项功能，旨在统一两种以上的BOM（设计BOM、生产BOM、维护BOM等）并通过其他视图进行管理，以加强BOM的协作性和一致性。

它有助于缩短设计变更传达的过程周期、减少变更错误。当企业在多个生产基地投入生产时，设计BOM能够和不同基地的生产BOM互相协作，实现集成管理。

第3章 以设计 BOM 为轴心的技术信息管理和投资回报率评价

◎文档管理

这是一种统一管理产品开发流程中制作的文档的功能。不仅是设计部门制作的文档，销售部门、产品企划部门、生产技术部门、品质保证部门、制造部门等制作的文档全都可以进行统一管理。

与零件分类相同，企业可以对文档种类进行分类，实现文档的体系化和检索性能的提高。同时，也存在通过全文检索功能高效检索必要文档的 PLM 软件包。

通过设定访问权限，企业可以与公司内部各部门以及公司外部协作方进行高效合作。

◎设计变更管理

该功能主要对"从设计变更的要求发生到应用完成的过程"进行管理。设计变更指示也称 ECO（Engineering Change Order），其与设计变更要求管理、变更对象的技术信息（BOM 和图纸等）相互关联，负责制作和批准设计变更指令、向相关部门进行分配管理。

通过将 PLM 系统管理的设计 BOM 的变更信息（设计 BOM 的变更前后的差异信息）与 ECO 进行关联并传送至 ERP，可以有效提升生产 BOM 的更新处理效率。

◎开发项目管理

这是一种将产品开发过程定义为 WBS（Work Breakdown

Structure，工作细分结构），管理和共享每项工作的计划、进展的功能。它是一个单一的开发项目，但可以早期发现横跨多个项目的风险问题。

PLM系统开发项目管理功能的特点是，通过关联并管理由WBS的各项工作任务制作的文档（设计BOM或图纸、说明书、DR资料等），将文档的状态（工作中、审批中、正式发布等）自动反映到WBS的任务进度中。

一些PLM软件包包含项目经理和团队成员专用的屏幕画面，可以为他们提供各自所需要的信息。

◎用户访问权限管理

这是一种个人可以对利用PLM系统的全球用户进行管理的功能。

根据用户或用户所属的组织、职务、项目，可以对PLM系统进行信息访问权限的控制管理。由此，能够强化多个业务部门或集团企业共同使用同一系统时的安全性。

◎ERP协作

这是一种支持PLM系统中管理的设计BOM和ERP系统中管理的生产BOM之间高效协作的接口功能。由于要分别对应ERP软件包的种类和生产BOM的数据模型，所以这项功能大部分情况下都是单独开发的。

第3章 以设计BOM为轴心的技术信息管理和投资回报率评价

协作方向不一定是从PLM系统到ERP系统,也可以将ERP系统产生的零件成本的实绩信息发送到PLM系统中,为设计人员完成成本策划提供帮助。

3 全球技术信息门户网站的理念

能够在短时间内启动系统的门户网站的理念是什么？

接下来，项目组讨论了"技术信息综合管理的框架"的具体搭建方法。

● 分散于全球的技术信息的整合方法

首先应该解决一个问题：如何对分散在多个基地（包括海外在内）的文件服务器及存储于其中的技术信息进行统一管理。项目组提出了一个理念，如图表58所示。其重点内容如下。

- 在前台设置"全球技术信息门户"的界面。
- 将"全球技术信息门户"的检索入口设置为按机型分类制作的设计BOM。
- 各基地、各部门的服务器是管理技术信息的对象，它们会在技术信息门户网站上进行"整合"或"汇总"。
- 所谓"整合"，是指一种将现存服务器上的内容转移到由"全球技术信息门户"直接管理的文件服务器上，并且通

第3章　以设计BOM为轴心的技术信息管理和投资回报率评价

过设计BOM和数据库上设定的物理关联进行管理的方式。它是利用PLM系统结构管理功能的关联性实现的(参照解说⑤)。
· 所谓"汇总"，是指在该项目中不对现有服务器进行数据库的相互整合，而是通过检索键进行虚拟协作。它与利用互联网上的检索引擎返回检索结果的概念相同，将设计BOM中设定的属性作为关键词进行检索。

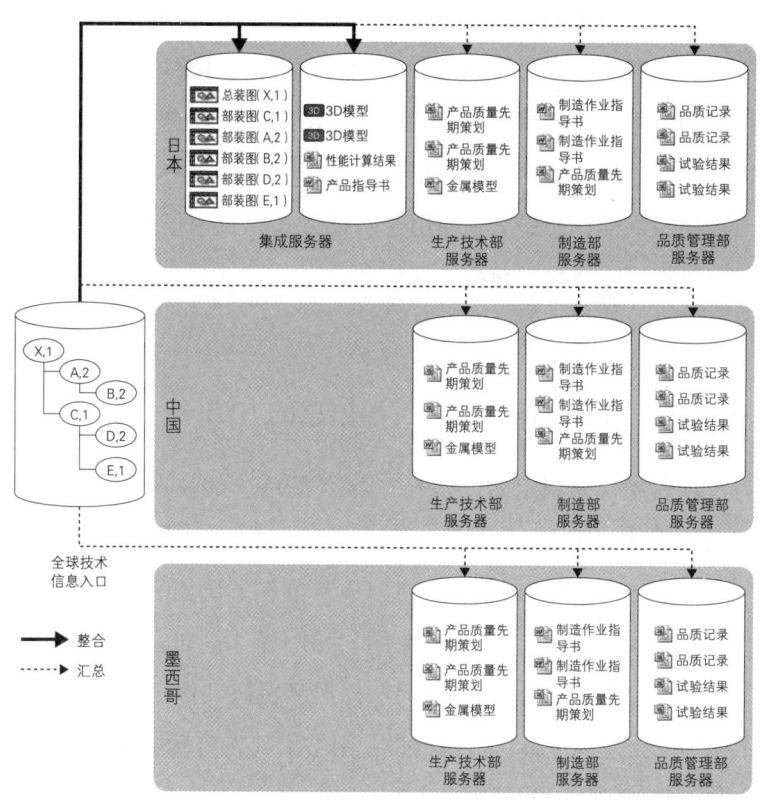

图表58：全球技术信息门户网站的理念

113

"全球技术信息门户"的一大特点是利用了"汇总"的概念，使各基地的部门服务器之间的协作更加顺畅，降低了进入该机制的门槛。

在"整合"的情况下，门户网站会根据设计BOM上的选项进行关联检索；在"汇总"的情况下，则会以属性为关键词进行检索。如图表58所示的"整合文件服务器"和"汇总各基地的部门服务器"，就是按规定条件进行检索的。

"整合"需要将文件服务器迁移到门户网站进行管理。迁移后，就可以运用门户网站的标准规则进行访问权限、审批流程等信息的管理。此外，虽然"汇总"的进入门槛较低，但访问权限和审批流程等信息依旧依存于部门服务器。当然，用户可以在忽略这些差异的情况下获取信息。

项目组的设想是分别使用这两种方式，无论任何一个基地，都可以在同一环境下获取技术信息。

• 检索并获取全球分散的技术信息的方法

项目组筹划制定的"整合"与"汇总"的技术信息的检索和获取方法如图表59所示。

图表59是"全球技术信息门户"的初始画面。其中，图表左侧是以设计BOM为检索对象的初始画面。例如，如果选择设计BOM上的（D，2），关键词选择产品编码和修订版（D是产品编码，2是修订版）进行检索，则结果列表会显示在图表右侧

第 3 章　以设计 BOM 为轴心的技术信息管理和投资回报率评价

的"全球检索结果"界面上。

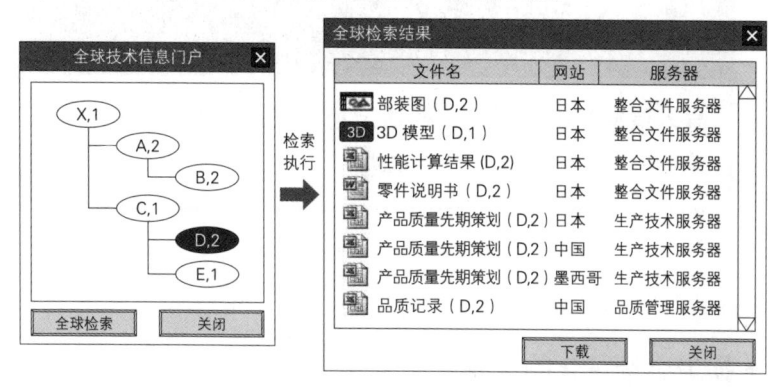

图表 59："全球技术信息门户"的检索示意图

全球检索结果		
文件名	网站	服务器
部装图（D,2）	日本	整合文件服务器
3D 模型（D,1）	日本	整合文件服务器
性能计算结果 (D,2)	日本	整合文件服务器
零件说明书（D,2）	日本	整合文件服务器
产品质量先期策划（D,2）	日本	生产技术服务器
产品质量先期策划（D,2）	中国	生产技术服务器
产品质量先期策划（D,2）	墨西哥	生产技术服务器
品质记录（D,2）	中国	品质管理服务器

检索结果的服务器列表中显示的是被检索文件的保存路径。由此可见，服务器为"整合文件服务器"的文件是从"整合"部门服务器中检索出来的，而其他文件是从"汇总"部门服务器中检索出来的。结果列表的文件名包含（D，2）。也就是说，在"汇总"的检索中，可以将其作为关键词提取出来。

最后，用户在确认检索结果后可以从各个服务器中下载实体文件，无须通过他人即可获取所需信息。

4 定量效果的推定方法

导入信息基础设施后，预估定量效果的难度很大。针对这个问题，项目该如何推进呢？

• 损失金额量化的课题

项目组认为，在对"全球技术信息门户"的理念一步具体化的同时，为了获取执行预算的审批，必须进行定量效果的推测，提高说服力。

由于技术信息的分散，信息获取时导致的工时延长、开发周期延误等情况都属于定性问题的范畴。但因为引发该问题的损失金额尚未量化，所以无法明确该项目的投资规模以及投资回报的前景。此外，经营层也提出要求：要想系统投资的审批通过，必须对效果进行量化。

为了解决这些课题，项目组制作了一个获取技术信息所需时间的调查表，着手量化问题（图表60）。调查表主要包含以下几项内容。

① 技术信息类别：展示技术信息种类的分类；
② 基地：该技术信息存在的位置；

第3章 以设计BOM为轴心的技术信息管理和投资回报率评价

③ 检索频率（每个月）：每个月各部门从相应基地获取该技术信息的次数；

④ 询问、获取、确认工时（人力时间、每次检索）：获取技术信息所需的工时；

⑤ 合计获取工时的时长（人力时间、年度）：获取技术信息所花费的年度总工时，根据③和④进行计算。

图表60：获取技术信息所需时间的调查表

①技术信息类别	②基地	③检索频率（每个月）				④询问、获取、确认工时（人力时间、每次检索）				⑤合计获取工时的时长（人力时间、年度）				
		开发	生产技术	制造	品质管理	开发	生产技术	制造	品质管理	开发	生产技术	制造	品质管理	合计
图纸	日本	270	30	90	300	2	1	2	2	540	30	180	600	1350
3D模型	日本	30	90	90	90	1	2	1	1	30	180	90	90	390
设计BOM	日本													
性能计算结果	日本													
产品规格书	日本													
产品质量先期策划	日本													
金属模具规格书	日本													
金属模具图纸	日本													
品质记录	日本													
试验结果	日本													
制造作业指导书	日本													
产品质量先期策划	中国													
金属模具规格书	中国													
金属模具图纸	中国													
品质记录	中国													
试验结果	中国													
制造作业指导书	中国													
产品质量先期策划	墨西哥													
金属模具规格书	墨西哥													
金属模具图纸	墨西哥													
品质记录	墨西哥													
试验结果	墨西哥													
制造作业指导书	墨西哥													

充分利用现有信息是定量调查的原则，但是C公司没有建立一个能够将这些问题定量化的数据库。于是，C公司决定请内部专家根据相关人士的记忆填写调查表。

- 计算效果的推算结果

接下来，项目组讨论了效果的推算方法。该项目的效果根据图表61所示的思路进行推算。图表中的纵轴表示频率，横轴表示工时或过程周期。频率、工时、过程周期的信息都是由调查表收集而来。该项目通过技术信息的全球共享缩短了获取工时和时间，取得了成效。因此，针对图表61所示的各项技术信息类别，在频率，工时、过程周期的交点处绘制的标记"●"可以向箭头方向（缩减工时、过程周期的方向）移动。但是，能够削减工时和过程周期的下限是：讨论咨询内容和确认获取结果的时间无法再缩减了。

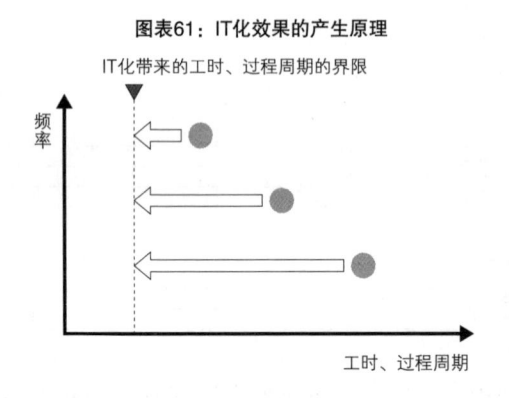

图表61：IT化效果的产生原理

经过现状调查和效果分析的讨论，项目组总结、整理出的效果的推定结果如图表62所示。该图表的纵轴表示技术信息的种类和基地位置，横轴表示工时（指数化是为了便于写入书籍。将金属模具规格书和中国的工时现状指数化为1）。

第3章　以设计BOM为轴心的技术信息管理和投资回报率评价

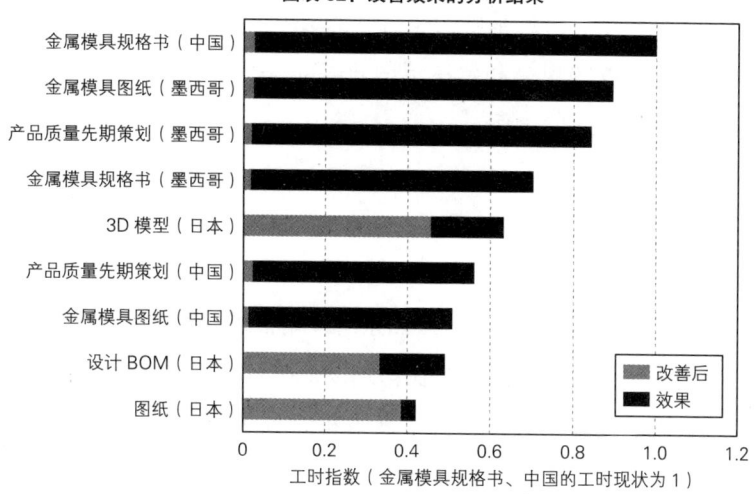

图表62：改善效果的分析结果

项目	工时指数
金属模具规格书（中国）	1.0
金属模具图纸（墨西哥）	0.9
产品质量先期策划（墨西哥）	0.85
金属模具规格书（墨西哥）	0.7
3D模型（日本）	0.65
产品质量先期策划（中国）	0.55
金属模具图纸（中国）	0.5
设计BOM（日本）	0.5
图纸（日本）	0.45

工时指数（金属模具规格书、中国的工时现状为1）

图例：改善后、效果

纵轴从当前最大工时开始，按降序排列。工时的明细为改善后的工时和效果，合计值为工时的现状。顺便说一下，由于这个图表的形式很像龙卷风，因此这种图表又称作"龙卷风图"。这种表现方法的效果很强，让人一眼便可以掌握冲击力较大的指标。

通过对比分析，项目组用数值明确了以下两点内容：

· 一年内获取技术信息所需的工时、过程周期和金额换算值。

· 通过整合全球技术信息获得的工时、过程周期的预期削减效果和金额换算值。

随后，项目组用数值向经营层展示了该项目的投资价值，顺利从构思企划阶段过渡到了系统开发阶段。

本章介绍了信息基础构建之一的BOM重建的思考方法和步骤，对其问题的规模和解决成效进行了整理，选取了一些便于理解的定量效果的事例。

• 本项目结束后

"全球技术信息门户"按照系统计划推进，得以在预定时间内开始运作。此外，项目组在构筑该系统后，总结了以下结果。

- 虽然是技术理论，但是获取检索列表所需的时间比预想还要快。这是夜间批量生成搜索索引的效果。今后，项目组将进一步完善网络，增强文件下载功能。

- "汇总"为缩短"全球技术信息门户"的启动时间作出了贡献。这是因为目标基地和各部门的事前工作仅限于共享服务器、文档选定，以及统一文件命名的标准，准备工作的负担较轻。

- 原本应该通过"整合"对全球范围内的信息管理技术的运用规则进行标准化，但由于全球急速发展更重视速度，因此"汇总"也成了选择之一。

第4章

通过模块化设计和BOM重建实现多品种化、缩短过程周期

> **本章要点**

本章将介绍设备制造商 D 公司是如何通过导入模块化设计和 BOM 重建强化价值链、获取海外市场的。

- 对在改革的背景下，D 公司获取海外市场时所面对的课题进行解释说明。
- 介绍未来愿景包含的两项内容：一是各个流程在价值链中的目标；二是改革的原动力——模块化设计的理念。
- 阐述项目研究方法：启动模块化设计时的注意要点、执行阶段的推进方法，以及效果验证的结果。
- 说明新业务的具体化：固定、变动分析、销售、设计、生产各流程在改革后的业务形象，以及按目的类别划分的 BOM 之间的协作方式。
- 在解说中介绍用于实践模块化设计改革的分析工具。

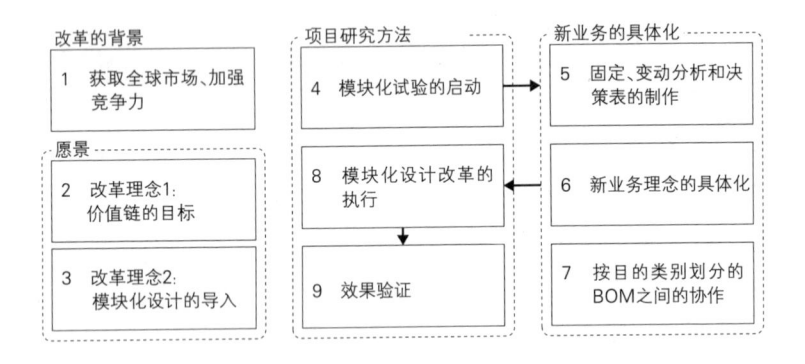

改革的背景	项目研究方法	新业务的具体化
1 获取全球市场、加强竞争力	4 模块化试验的启动	5 固定、变动分析和决策表的制作
愿景		
2 改革理念1：价值链的目标	8 模块化设计改革的执行	6 新业务理念的具体化
3 改革理念2：模块化设计的导入	9 效果验证	7 按目的类别划分的 BOM 之间的协作

第4章　通过模块化设计和BOM重建实现多品种化、缩短过程周期

1 获取全球市场、加强竞争力

设备制造商进军海外市场会对业务流程产生哪些影响？

● 进军海外市场的课题

D公司的设备业务部门在日本国内市场占有很高的市场份额，且随着事业规模的扩大和海外企业询价情况的日益增多，其一直在寻找进军海外市场的机会。

当时，为了实现进军海外市场的目标，设备业务部门面临着诸多课题。图表63所示的对比图展示了制造价值链的过去、现在和未来，环境变化致使流程中的沟通效率逐渐恶化。接下来，让我们逐一进行确认。

(1) 销售流程的课题

在D公司，负责其他产品的业务部门均已进驻海外市场，拥有若干个海外当地法人。基本原则是：在海外市场，由海外当地法人的销售部门对接业务。

日本的国内客户则由国内销售部门负责对接。日本国内市场的情况是：因为客户是固定的，所以即使在接收订单前没有

图表63：经营环境和价值链的变化

	客户	销售	设计	生产
过去	（日本国内）	（日本国内）	（日本国内）	（日本国内）
现在～未来	客户（海外）	销售（海外当地法人）	设计（日本国内）	生产（生产委托方）

确定详细的规格样式，双方也同样可以很默契地对合同中约定的规格、数量、交货时间等达成协议。

但是至今为止，设备业务部门很少有机会和海外当地法人的销售部门进行商务洽谈，无法紧密交流是目前面临的一大课题。此外，由于拥有欧美、亚洲等多个目标市场，且各个国家的商业习惯有所不同，所以很难把握接收订单的准确度。很多海外客户甚至要求交货时间要比日本国内的期限更短、价格也要更低。

（2）设计流程的课题

海外业务一般也会由日本国内的设计部门负责设计流程。在此之前，设计部门只要和日本国内的销售部门进行沟通即可。但是现在，海外业务需要和海外当地法人的销售部门直接对话。在同客户的沟通过程中，还存在语言、商业习惯差异等各种问题，如签订合约前的规格定义、签署合约后的变更管理等，要求都更加严格了。

第4章　通过模块化设计和BOM重建实现多品种化、缩短过程周期

(3) 生产流程的课题

D公司的生产流程迎来了巨大的转折点。当时，D公司将委托外部生产的占比提高到了一半以上。而从数年前开始，设备业务部门也已将几乎所有的产品生产委托给了外部生产。其主要原因是成本竞争过于激烈。

由于D公司和生产承包商的资本是分开的，所以一切指示和委托都必须按照合同进行。因此，生产承包商很难掌握D公司的销售信息和业务信息，频频产生的短期交货的委托导致了缺货、产品滞销等问题的出现。海外业务的增长甚至加快了业务信息不透明的增长速度。

基于以上情况，D公司迫切需要从根本上重新评估销售、设计和生产流程。

2 改革理念1：价值链的目标

价值链上各个流程的问题和解决对策是什么？

• 项目组描述的改革理念

在这种情况下，D公司的经营层成立了项目组，下达了制订改革计划和实施支援的指示。

项目组花费一周时间听取相关部门的意见，制作出了当前流程的问题和目标，将之称为该项目的"改革理念"（图表64）。同时，项目组还整理了各个流程中存在的问题，向经营层进行了汇报。

（1）报价流程的问题

"规格迟迟定不下来""报价需要时间"等问题频发。该流程效率低下的原因如下：

产品目录是已经存在的，其中提供了与主要规格、选项、性能等级相关的数十种变化。如果在这个范畴内接收订单，一般不会出什么问题。但是在实际洽谈中，客户的要求往往在产品目录规格的空白地带。也就是说，工厂需要时间确认这些未

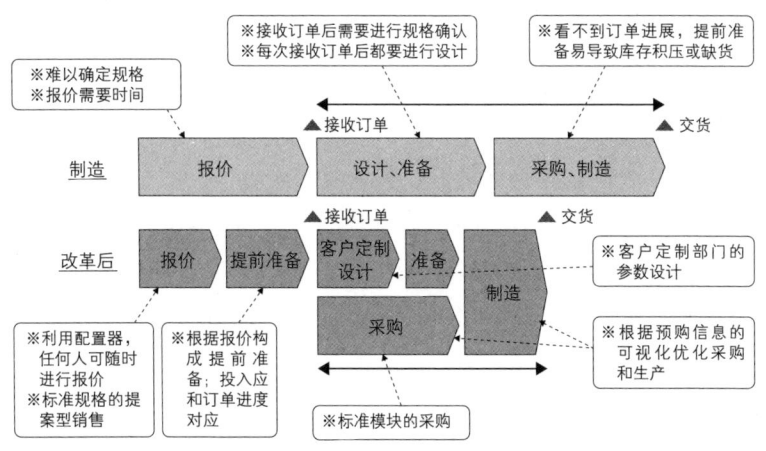

第4章 通过模块化设计和BOM重建实现多品种化、缩短过程周期

图表64：当前流程的问题和目标

收录在产品目录中的规格要求。

报价需要时间的原因也一样。如果客户的要求在目录规格的空白地带，那么就需要咨询技术部门进行报价。在洽谈阶段，客户会要求提供各种报价模式，导致海外当地法人每次都要向技术部门咨询。虽然这与在日本国内的洽谈一样，但是在海外的洽谈中，客户评价的基准也包括了回复报价所用的时间，所以必须改善流程。

（2）设计流程的问题

虽然接收订单后才会开始推进设计、安排流程，但"接收订单后还要进行规格确认""接收订单后每次都要重新设计"等问题依旧存在。原因是，理应在下单前决定好的规格会由于信息未整合而导致没有充分进行讨论。

此外，如果接收的订单要求定制规格，大多数情况下还会追加设计。当然，如果以往的技术资产是以可重复使用的形式进行管理的，也可以在原有基础上进行追加设计。但考虑到追加的部分有可能会影响到其他组件和零件，所以其并不是工厂的最佳选项。

（3）采购、制造流程的问题

最后要说的是采购和制造流程。有人指出了其中存在的一些问题，如"工厂看不到订单的进展状况""库存积压和缺货问题频发"等。对负责生产的工厂来说，实施短期交货生产的关键是要明确"接收订单前需要提前准备到什么程度"。

从工厂的角度来看，掌握海外洽谈项目的接收订单的进展状态远比日本国内要难。工厂认为需要提前准备好零件的采购工作等，但最后得到的结果往往是"订货中断导致缺货"或者"因事先准备错误导致库存积压"。

● 目标建议

针对这些问题，项目组将改革重点进行了整理并向经营层提出了以下目标建议（图表64的下方）。

（1）报价流程的目标

项目组提出了"利用配置器，任何人可随时进行报价""标准规格的提案型销售"等理念。配置器是一种可通过选择规格自动生成（配置）BOM结构的系统。通过该系统，可自动生成的BOM变化组合远远多于目录中保存的变化组合。而且，还能

第4章　通过模块化设计和BOM重建实现多品种化、缩短过程周期

降底询问设计部门的频率。

此外，通过配置器提出的标准或标准选项要比传统目录的变化更多。也就是说，工厂可以向客户提供更宽泛的条件，引导客户朝着对公司更有利的方向发展。通过提案型销售（引导型销售）既可以控制追加设计（定制设计），又可以提高公司的技术资产的流动性。此外，从工厂的角度来看，提高零件和模块的通用性也可以有效减少缺货、库存过多、滞销等问题。

（2）提前准备流程的目标

该流程一直是在工厂进行的，项目组对其提出了一点新要求，即在提前准备过程中充分利用预算结构（预算BOM）：将配置器生成的预算BOM作为预测[①]BOM输入到ERP，再根据MRP[②]计算出的提前准备的零件的需求量完成自动订货。运用这一方法，战略性投入项目和接收订单进度较高的项目可以不经过任何人直接订货。而且，对于交货时间较长的零件，工厂还可以向供应商提供准确度更高的预测信息。

短期交货洽谈的成败关键在于接收订单前做了多少准备工作。工厂通过该流程改革可以同时提高零件的补充效率和精确度。

[①]　预测：为缩短生产交货时间，在确定接收订单和生产前，需要提前准备零件或提供预测信息。

[②]　MRP：Materials Requirements Planning 的简称，意为"物资需求计划"。这是一种根据销售计划、生产计划计算需要的物资需求量和交货日期的计划生产方法。

(3) 设计流程的目标

在设计流程中,当配置器选择标准规格或选项时,建议采取"通过减去标准模块完成设计 BOM"的方式。即便有特殊定制规格,也可以用 3DCAD 的参数设计①来应对。该方案可实现大幅削减设计工时的效果。当只有标准模块的组合才能完成产品时,无须通过设计部门人员即可安排标准模块。这就是 D 公司一直以来最想实现的 BTO②过程。

(4) 改革后的采购、制造流程的目标

项目组提出了在采购流程中共享项目准确信息和报价 BOM、根据预测削减缺货和库存积压问题的方案。同时,在制造流程中,项目组建议通过模块组合进行分段式的组装,采用短期交货生产方式(这也是活用模块化的生产方式)。

参考文献:三河进(2012)《面向制造业业务改革推动者的全球 PLM》,日刊工业新闻社

---

① 参数设计:这是一种提高设计效率的设计方法。将零件的尺寸作为 3DCAD 中的变量进行处理,通过更改变量来修改零件的形状。

② BTO:Build to Order 的简称,意为"按订单制造"。工厂会针对接收订单规格提前组装完成库存中的工艺合件并投入生产,避免产生成品库存,缩短从接收订单到发货的时间。

第 4 章　通过模块化设计和 BOM 重建实现多品种化、缩短过程周期

3

改革理念 2：模块化设计的导入

什么是"规格多样化和削减零件品种数量共存"的模块设计？

● 规格多样化和削减零件品种数量的共存问题

项目组一致认为，实现该项目改革的原动力（引擎）是模块化设计。

如图表 65 所示，模块化设计解决的是一般问题。如果不采取对策，随着规格数量的增加，零件品种数量和工序种类数量将呈飞跃式增长。结果就会出现一些问题，如设计成本和管理成本的增加、销售额增加但利润不增反减等。模块化设计的概念是以实现多样化、应对市场要求为前提，减少零件和工序种类的数量。也就是说，模块化设计的目标是实现规格多样化和削减零件品种数量的共存。

实现模块化设计的实际工作是规范规格、设计和零件参数，以及生产工序、生产设备的标准化。为了推进这些工作，需要灵活运用多个分析方法和工具。接下来，我将补充说明这些内容。

图表65：模块化设计解决的问题

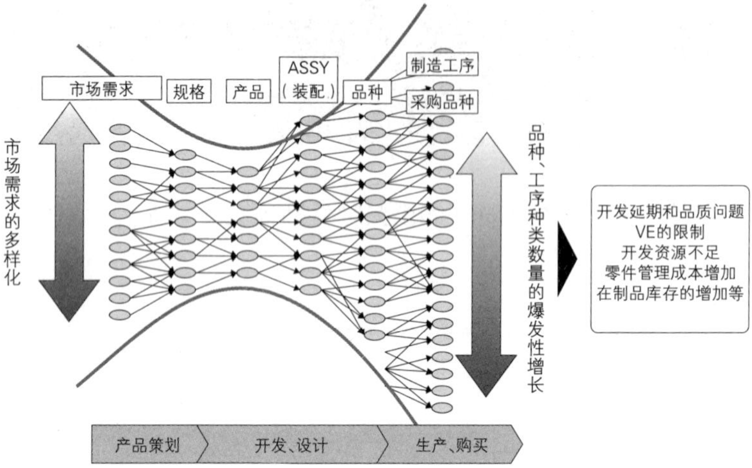

图表66所示的新BOM的流程是利用项目组制定的模块化设计完成的，可依次确认以下几项内容。

- 模块化设计的结果作为标准结构（设计BOM），即主数据存储在模块数据库中，在这里管理所有接收订单项目使用的模块。
- 配置器输入的规格值是销售设计的输出数据。在此基础上，选择符合规格值的模块并创建报价结构（报价BOM）。
- 在订单设计中，生成将模块扩展到终端零件生成的准备结构（设计BOM）。在定制订购设计的情况下，零件可追加、修改到生成的配置中。准备结构完成后，将其存储在订单设计数据库中并发布到生产工厂。

第 4 章 通过模块化设计和 BOM 重建实现多品种化、缩短过程周期

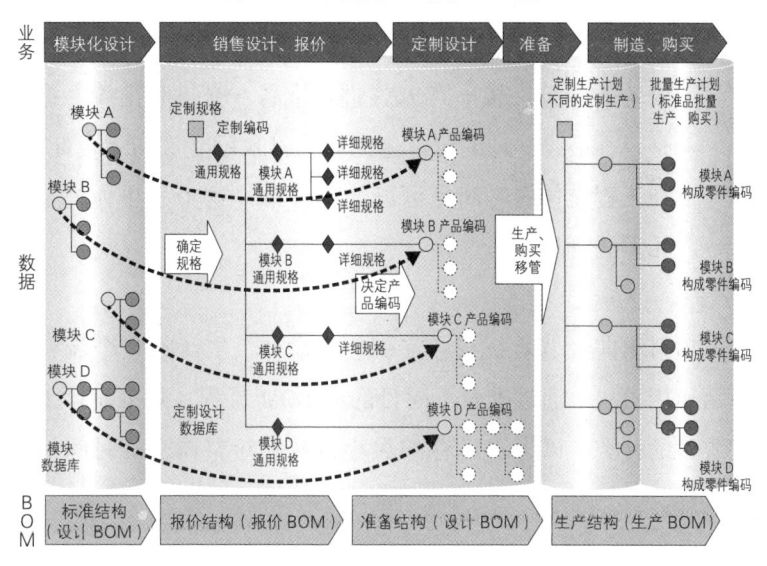

图表 66：基于模块化设计的 BOM 流程

- 在制造和采购的过程中，根据设计发布的准备结构，编辑并完成生产结构（生产 BOM）。编辑示例是设定外部订购的工艺合件、削减该公司无须采购的零件的结构修正。
- 在生产管理系统中进行制造编码管理①和批量管理的混合型生产管理。

---

① 制造编码管理：按制造编码分别管理 BOM 和生产的一种管理方法。制造编码是产品制造编码，一般来说和制造订单是一致的。因为按制造订单管理易于进行准备管理和成本合计，所以它可以广泛运用到不同项目的规格和 BOM 不同的订货型生产产品方面。此外，通用零件很难与其他制造编码通用，所以通用零件的有效利用还存在一些问题。

- 将每个订单的零件编码分配给生产结构的上层，并针对每个订单执行生产计划、准备和生产进度管理。
- 模块及其组件按库存方式进行准备、交付和出库。也就是说，最终处理的订单遵循独立批次的生产指示。此外，在工程交付的时间点可以处理订单（这个方法弥补了产品编码管理的弱点）。

项目组向经营者提议：在销售、设计、生产的整个流程中灵活运用模块，通过整合不同目的的 BOM 流程，减少设计工时和零件的种类，以谋求库存的最小化和缩短整体交货时间的两者共存。

4

模块化试验的启动

解释说明启动试验阶段时的注意事项。

●模块化试验阶段

项目组理解模块化设计是一个改革理念,但他们对模块化设计是否真的适合该公司的产品持谨慎态度。

因此,项目开始时进行的是一个被称为"模块化试验"的试验阶段。关于这个阶段,由于该公司没有相关的推进方式,也不具备分析的经验、技术,所以最终决定请教具有专业知识的顾问来解答。

模块化试验的目的有两点:验证目标产品的模块化是否可行并塑造新的业务形象。项目组决定按照顾问建议的步骤进行(图表 67)。该推进方法的注意点包含以下三点。

第一点是"#1 整合计划"的任务,如图表 68 所示的活动机制。"模块化设计"一词一般会让人联想到设计主题的改革,事实上,它的影响还涉及销售、生产管理、采购、制造和信息系统。因此,不仅是设计部门,这些部门也必须分配负责人。

图表 67：模块化试验阶段的步骤

#	任务名称	任务内容
1	整合计划	• 整合试验阶段的计划和活动机制。
2	确定目标产品	• 在试验阶段验证产品或者决定部位。
3	固定、变动分析	• 目标产品的固定、变动分析（现状分析）； • 推进标准化的固定、变动规则及规格的标准化，削减产品的变化种类。
4	制作决策表	• 制作描述规格的物料清单变化的决策表。
5	制定新业务理念	• 通过模块设计将新业务的理念具体化。
6	策划未来规划	• 制订未来的执行计划及必要的活动机制，向经营层汇报。

图表 68：模块化试验阶段的活动机制

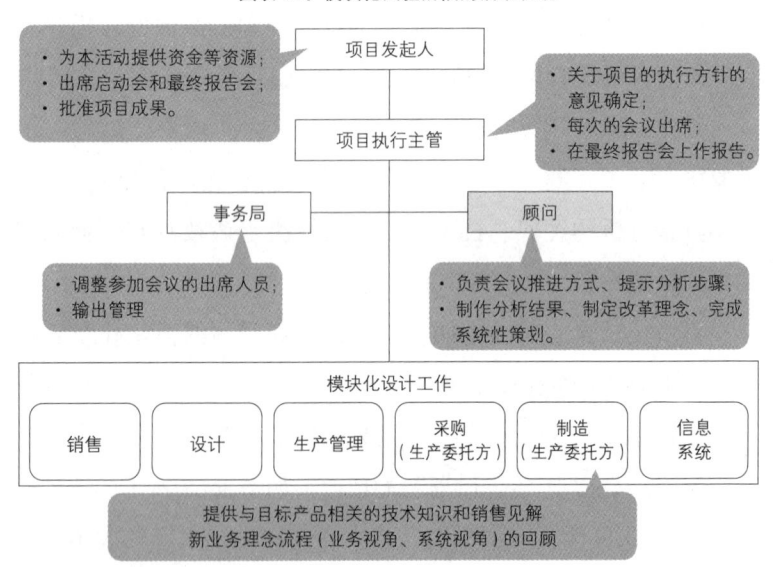

```
• 为本活动提供资金等资源；      ┌─────────────┐
• 出席启动会和最终报告会；      │  项目发起人  │         • 关于项目的执行方针的
• 批准项目成果。                 └──────┬──────┘           意见确定；
                                        │                  • 每次的会议出席；
                                 ┌──────┴──────┐           • 在最终报告会上作报告。
                                 │  项目执行主管 │
                                 └──────┬──────┘
                ┌──────────┐            │         ┌──────────┐
                │  事务局  │────────────┼─────────│   顾问   │
                └──────────┘            │         └──────────┘
• 调整参加会议的出席人员；                │         • 负责会议推进方式、提示分析步骤；
• 输出管理                                │         • 制作分析结果、制定改革理念、完成
                                          │           系统性策划。
                    ┌─────────────────────┴─────────────────────┐
                    │              模块化设计工作                │
                    │ ┌────┐ ┌────┐ ┌────────┐ ┌──────┐ ┌──────┐ ┌────┐ │
                    │ │销售│ │设计│ │生产管理│ │ 采购 │ │ 制造 │ │信息│ │
                    │ │    │ │    │ │        │ │(生产 │ │(生产 │ │系统│ │
                    │ │    │ │    │ │        │ │委托方)│ │委托方)│ │    │ │
                    │ └────┘ └────┘ └────────┘ └──────┘ └──────┘ └────┘ │
                    └───────────────────────────────────────────┘
                       提供与目标产品相关的技术知识和销售见解
                       新业务理念流程（业务视角、系统视角）的回顾
```

第4章　通过模块化设计和BOM重建实现多品种化、缩短过程周期

对项目组而言，机制结构中存在的安全隐患出自采购部门和制造部门，因为它们都属于外部的生产承包商企业。但是与预期相反，项目成功对它们来说有很大的好处，所以它们都非常配合参与计划。最终，项目组在讨论和改革的推进中成功构建了充分的活动机制。

第二点是该项目的出发点，同时还具有"预测成功"之意。一旦验证模块化是否可用的结论为"否"，项目就只能回到原点。换句话说，就是必须成功。其中，最初选择验证的目标产品极其重要。

在"#2 确定目标产品"的任务中，必须选择一个可以成功，并且能够产生商业效果的产品。目标产品的选择基准和评价方法将在第4章"5 固定、变动分析和决策表的制作"以及解说⑥中进行详细说明。

第三点是连续完成两项任务的"#3 固定、变动分析"和"#4 制作决策表"两个循环。这两个任务的目的在于确定模块化是否可行。实行的两个循环虽然在一个产品中，但是可以根据两个功能组件验证模块化，进行更高精度的判断。

在启动会议中，项目组用甘特图表示了试验阶段的简要日程（图表69）。其中解释说明了上述两个循环、三个月时间的用法、各会议的日程和应该参加的出席人员和职责分工等，在经营层、分配成员之间达成了一致意见，可以基于这三个需要注意的问题，推进迈入"#2 确定目标产品"的准备阶段。

图表 69：模块化试验的日程安排

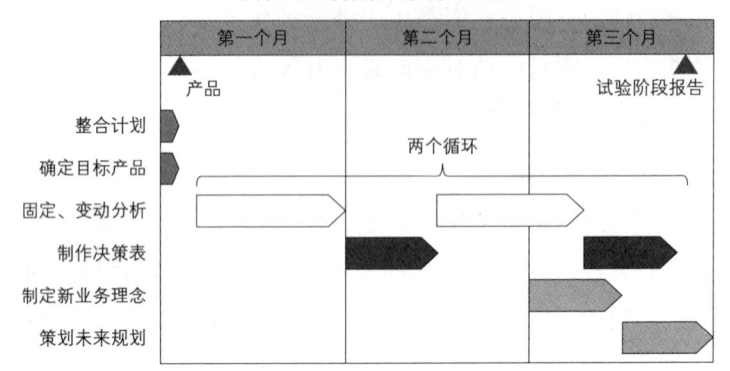

	第一个月	第二个月	第三个月
	▲产品		▲试验阶段报告
整合计划			
确定目标产品		两个循环	
固定、变动分析			
制作决策表			
制定新业务理念			
策划未来规划			

5 固定、变动分析和决策表的制作

本小节解释说明模块化试验的具体操作方式。

● 确定目标产品

项目组进入了模块化试验验证对象的产品选定阶段。评价中使用了"模块化设计适应性分析工作表",以对业务因素、改善产品的必要性、模块化中的制约进行评价(参照解说⑥)。

最终的选择结果是:未来加强海外销售,设定设计较多的产品范围。项目组从一开始就认为该产品是一个有力的候补产品,并且选择了两大主要功能单元:一是变化较多;二是标准化不够充分。如果这些能够实现模块化,那么基本可以断定其他功能单元也能实现模块化。

● 固定、变动分析

固定、变动分析的目的是掌握变动结构零件的规格和设计规则的标准化。图表 70 是固定、变动分析结果的内容节选。

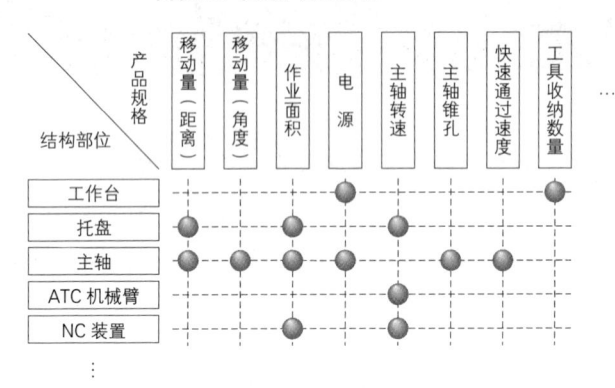

图表 70：固定、变动分析

结构部位 \ 产品规格	移动量（距离）	移动量（角度）	作业面积	电源	主轴转速	主轴锥孔	快速通过速度	工具收纳数量	…
工作台			●					●	
托盘	●		●		●				
主轴	●	●			●	●			
ATC 机械臂					●	●			
NC 装置			●		●				
⋮									

项目组一边向设计负责人听取产品相关的技术信息，一边在横轴上标记产品规格、在纵轴上标记结构零件、在矩阵部分标记它们之间的依存关系。例如，需要改动"托盘"的规格，在此可读取到"移动量（距离）""作业面积"和"主轴转速"的数据。

项目组实践之后发现，矩阵的标记位置因设计师而异，这意味着每个人的设计逻辑不同。在此基础上，还需要意识到有必要推进标准化的设计原则。

解说⑥中将补充说明模块化设计中的设计原则标准化的效果和必要性，还请参阅。

第4章 通过模块化设计和BOM重建实现多品种化、缩短过程周期

• **决策表**

接下来,项目组着手制作"决策表"①。试验阶段计划在三个月的时间内进行模块化验证,主要集中在两个功能单元中制作决策表。图表71是"托盘"模块决策表的一部分。决策表由以下三个要素构成。

图表71:决策表(托盘)

移动量(距离)	作业面积	主轴转速	是否	推荐	零件编码	零件名称
700	400×400	50~1000	○	○	Y357519	托盘
700	400×400	100~2000	○		Z693645	托盘
700	400×400	200~3000	○		Z509575	托盘
700	600×600	50~1000	○	○	X929323	托盘
700	600×600	100~2000	○		X281147	托盘
700	600×600	200~3000	○		X551582	托盘
700	800×800	50~1000	○		X720651	托盘
700	800×800	100~2000	○		Z813383	托盘
700	800×800	200~3000	○		X722342	托盘
1000	400×400	50~1000	○	○	Y319494	托盘
1000	400×400	100~2000	○		Y923084	托盘
1000	400×400	200~3000	×		X746896	托盘
1000	600×600	50~1000	○	○	Y672624	托盘
1000	600×600	100~2000	○	○	Z246763	托盘
1000	600×600	200~3000	×		Y562187	托盘
1000	800×800	50~1000	○		X432840	托盘
1000	800×800	100~2000	○		Y215313	托盘
1000	800×800	200~3000	○		Z350364	托盘

(1)规格值的组合
(2)规格值组合的评价
(3)模块的零件编码和名称

(1)规格值的组合

如图表70所示,从固定、变动分析结果可知需要改动的"托盘"的规格是"移动量(距离)""作业面积"和"主轴转

---

① "决策表"一词为作者命名。其要从规格的组合方式来决定模块编码或BOM,由此得名。

141

速"。调查以往的项目示例后发现，在接收订单时，该规格的数值包括定制规格在内，每种规格超过十种以上的样式繁多。但是包括销售工作成员在内，商议的最终结果集中在以下几个方面：

- "移动量（距离）"有 700 和 1000 两种；
- "作业面积"有 400×400，600×600 和 800×800 三种；
- "主轴转速"有 50~1000、100~2000、200~3000 三种。

以此结果为基础，单纯展开（乘法计算）规格值的组合后，可制作 18 种组合。图表 71 所示的决策表左侧的三列中为填入的该数据结果。

（2）规格值组合的评价

然后，项目组对规格值的组合实施了评价。评价提出的主要观点是，"这种组合在技术层面上是否成立？""应不应该按销售战略积极推进销售业务？"

这些评价结果填写在决策表里的"是否"和"推荐"单元格中。"是否"表示这个组合在技术层面上是否成立，"推荐"表示期望积极引导的规格值组合。

顺便提一下，决策表是配置器选择符合规格的模块编码、控制处理自动生成的 BOM 的主体。利用该标记，可禁止选择技术层面无法成立的规格组合，或者向客户通知推荐的组合。

（3）模块的零件编码和名称

在此对规格值组合决定的模块或零件编码进行定义，追加记录在图表 71 所示的零件编码的数据列表中。零件名称均为

第4章 通过模块化设计和BOM重建实现多品种化、缩短过程周期

"托盘"。

试验阶段的目的是验证目标产品可否在两种功能单元中进行模块化,所以最终制作了两个决策表。两个决策表顺利完成,意味着目标产品整体可以模块化的可能性很高。因此,今后重复该分析既可以完成整个产品的模块化,还可以推算出模块化所需要的大致工作时间。

项目组通过这一分析发现,不适合模块化产品的特征之一,就是这些产品都具有很强的摩擦色。这是因为固定、变动分析能实现可视化效果,在表示规格和结构两者之间的依赖关系的标记非常多的情况下,自然表示出该特征。

这个阶段会集中验证两个功能单元。完成了所有的模块决策表即可决定产品整体的规格值,从理论上来说,项目组能够完成构成产品整体的模块编码的组合。

在此,希望各位读者能够理解本小节的内容。通过对结构零件进行固定、变动分析并指定更改其规格的方法,用于制作决策表的规格值的组合部分。

解说⑥

模块化设计中的各种分析

◎模块化设计适应性分析

本小节介绍了用于推进模块化设计的分析工具。首先是如图表72所示的"模块化设计适应性分析工作表"。

图表72：模块化设计适应性分析工作表

No	候补产品	候补单元	产品有利因素			目标单元有利因素					目标单元不利因素			综合评价
			产品的销售额高	产品的增长率高	周期长	生命	工时多	设计问题多	品质讨论不充分	削减成本	变化多	标准化	没有进行	客户的讲究多	决定无法单独规格	
1															
2															
3															
4															
5															
6															

模块化设计存在适用、不适用两种情况。由于最初通过模块化试验进行模块化验证的产品需要拿出确切的成果，因此选择适合模块化设计的产品尤其重要。

虽然对一些产品进行模块化的实践后可以凭感觉判断出哪种产品易于产生结果，但最明智的方法还是在初期依据某些指标进行判断。

第4章 通过模块化设计和BOM重建实现多品种化、缩短过程周期

"模块化设计适应性分析工作表"是一种分析工具,它通过模块化设计,评估候补产品或单元在商业性和技术性上的改善难易程度。工作表的使用方法中包含五个项目。

- **候补产品**

在此处输入候选产品分类(类别)。例如,车辆分类列举如下:

- 轿车;
- 轻型卡车;
- 卡车;
- 拖拉机;
- 公交车;
- 叉车;
- 轻型轿车;

等等。

模块化设计的对象并不是单一的产品名称、具有品牌名的产品或机型,而是"分类(类别)"。这是因为规格、零件和流程在该类别中的各个产品中都是标准化的。

- **候补单元**

在此处输入候补的单元、模块的信息。例如,车辆的例子如下:

- 引擎;
- 仪表;
- 变速器;
- 空调;
- 动力转向;

等等。

- **产品有利因素**

评估讨论模块化试验的商业因素。当然,"高销量"和"高

增长率"代表进行模块化容易获得商业效果,这是成为候选目标的一个附加因素。

除此之外,还需要评估生命周期的长度,即产品寿命。标准化的模块可以长期使用,因为企业享受其带来的利益的时间很长。

● **目标单元有利因素**

以单元形式评估模块化设计中是否存在可以解决的问题,这是能否获取技术效果的附加因素。

● **目标单元不利因素**

它评价了模块化的难易程度和制约强度。例如,在单元之间的依赖关系强、通过磨合来实现质量要求的程度较大时,可以认为单元和模块的独立性较低,因此判断为"不适用"。

此外,即便开发出标准模块,也不能断定客户和市场强烈要求特殊规格的产品或单元适用模块化。

属于这些类别的产品被评估为"模块化目标的减分项"。

顺便说一下,曾经有企业向我咨询过有关手机模块化的问题,我当时的回复是:"手机的适应性很差。"大家都知道当时的手机追求机身小巧化,采用的是最密实的填充设计,空间限制很强。换句话说,可推断出手机内部的单元形状之间的依赖性很强,摩擦倾向较高。而且,手机的生命周期很短,即便暂时实行模块化和标准化,设计资产也会很快过时,这也是其中一个原因。

第4章 通过模块化设计和BOM重建实现多品种化、缩短过程周期

◎固定、变动分析

接下来将介绍模块化设计中最为重要的"固定、变动分析"的内容。我创建了结构和规格矩阵,所以"固定、变动分析"也称为"结构、规格分析",两者意思相同。

进行固定、变动分析有以下几个目的。

●将规格和结构零件(单元或零件)之间的依赖关系可视化

该分析能够将"结构零件对规格来说是固定的还是变动的"进行可视化。

列举一个在固定、变动分析中最简单的例子,如图表73(左)所示。这张图表中有三个规格和三个单元,在矩阵中规格和单元之间的关系用"○"来标记。规格上标记一个"○"对应一个单元,每个都是一一对应的关系。这种关系可以说明:与规格相比,单元处于独立的状态。

如果该状态成立,数据值的变动就与其他单元无关,只要开发对应的单元即可。这是模块化设计最理想的状态。

图表73(右)用PC(电脑)列举说明了这一思考方式。从固定、变动分析结果来看,可以掌握以下关系。

图表73:固定、变动分析

	规格A	规格B	规格C
单元X	○		
单元Y		○	
单元Z			○

模块化设计的理想状态

	处理速度	存储空间	屏幕分辨率
CPU	○		
HDD		○	
显示器			○

模块化设计的实际示例(PC)

- CPU 由处理速度的规格决定；
- HDD 由存储容量规格决定；
- 显示器由显示分辨率规格决定。

例如，如果增加处理速度的规格变化，只要开发对应的 CPU 即可。

●检验实现模块化设计理想状态的方法

再尝试向前迈进一步。图表 74（左）是对磨合型产品（单元之间有很多依赖关系，通过调整它们来实现规格值的类型的产品）进行分析后的模型图。在矩阵中，除对角线以外的地方都有很多"○"的标记。也就是说，规格和单元的关系是多对多，如果某个规格有变动，就需要进行多个单元之间的调整（磨合）。而且，对特殊规格进行调整可能会对其他规格产生影响，因此重新调整的同时还要保持提高整体平衡的完成度。这是磨合所需要的状态。

这意味着，接近模块化设计的理想的方法是减少"○"的标记数量。图表 74（右）是改善图表 74（左）、削减了三个"○"标记后的结果。虽然还残留着一些磨合，但已经接近了理想状态。为了实现这个目标，企业可以考虑采取两种方式：一是改进技术单元之间的实质独立性；二是实现设计方面的固定、变动规则的标准化以满足规格。

◎配置器的处理

配置器是指根据规格信息生成的 BOM 系统。

第 4 章 通过模块化设计和 BOM 重建实现多品种化、缩短过程周期

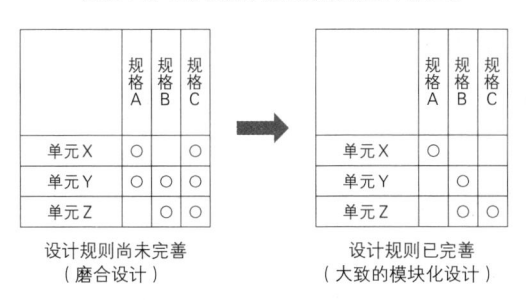

图表 74：基于固定、变动分析的设计标准化

	规格A	规格B	规格C
单元X	○	○	
单元Y	○	○	○
单元Z		○	○

设计规则尚未完善
（磨合设计）

	规格A	规格B	规格C
单元X	○		
单元Y		○	
单元Z		○	○

设计规则已完善
（大致的模块化设计）

图表 75 是对应模块化设计的配置器处理模型。输入的数据是处于磋商洽谈阶段尚未确定的规格信息，或者接收订单后的确定的规格信息。

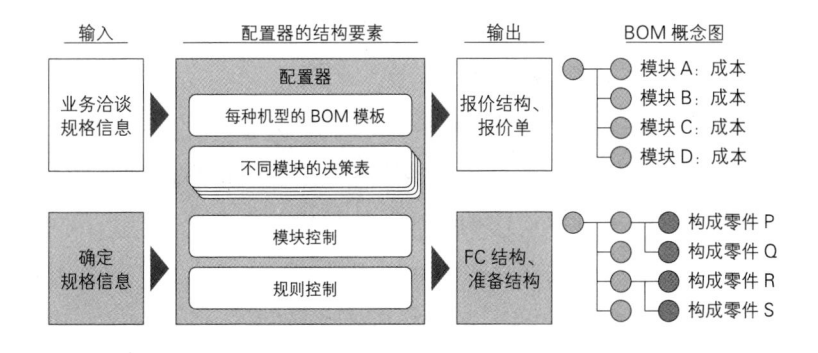

图表 75：对应模块化设计的配置器处理模型

输入	配置器的结构要素	输出	BOM 概念图
业务洽谈规格信息	配置器 每种机型的 BOM 模板 不同模块的决策表	报价结构、报价单	模块A：成本 模块B：成本 模块C：成本 模块D：成本
确定规格信息	模块控制 规则控制	FC 结构、准备结构	构成零件 P 构成零件 Q 构成零件 R 构成零件 S

配置器的功能是将规格信息转换为 BOM，与规格的准确性无关。

从使用用途来看，有三种输出形式：报价结构（报价 BOM）、FC 结构（生产 BOM）、准备结构（设计 BOM）各自独立，完成数据生成。虽然三个 BOM 的使用用途不同，但是配置

器的输出实质上都是一种。如图表75所示，FC结构和准备结构虽然扩展到了末端零件，但实际上仅靠配置器无法完成。只有首次将PLM和ERP管理的模块结构结合在一起，才能扩展到末端零件。

下文解释了构成配置器的元素，内容更偏向于技术方面，感兴趣的读者可以了解一下。

- 每种机型的BOM模板

配置器生成BOM时使用的是未定义产品编码的产品标准配置和框架。例如：

构成机种X的模块为模块A、模块B、模块C；

构成机种Y的模块为模块B、模块C、模块D；

构成机种Z的模块为模块C、模块D。

在模板中记录了上面这种"父子关系"。这里列出的模块分别表示了模块的种类，并没有决定产品编码。例如，可以将其视为电源模块、电子板模块、光模块和热交换器模块等构成产品的组件。配置器根据模板中描述的模块配置和决策表中确定的模块产品编码生成整个产品的BOM。

- 不同模块的决策表

模块决策表是将规格值转换为模块产品编码的表格。此外，该表格对推荐的产品编码及模块和规格值的组合的可行性进行了定义。

- 模块控制

它是管理要输出到报价单的模块属性的主控器。模块的名

第4章 通过模块化设计和BOM重建实现多品种化、缩短过程周期

称、形式、成本信息等作为属性被管理。

● **规则控制**

管理规格值的组合中的禁止规则。每个模块决策表都对模块内的规格值的组合的成立规则进行了定义,且该规则管理规定了无法显示的跨模块所产生的禁止规则。

例如,它负责管理、记录超出的模块规则,如果规格值选择的是面向日本国内,则无法选择日本国内未使用的电压值。

6 新业务理念的具体化

模块化给销售、设计、生产流程带来了哪些变化？

在对目标产品的模块化进行预测之后，项目组开始制定新业务理念。它的目的是绘制一个具体的新业务形象，并且共享未来的业务形象。

模块化设计不仅是设计流程的变革，还影响着销售和生产流程。项目组的目标，是在这三个流程中实现新业务理念的具体化。

具体结果如下。

● 销售流程

如改革理念所示，在销售流程中可使用配置器进行提案型销售。图表76（左）是销售部门最常用的配置器屏幕图像。该配置器很大，由两个界面组成，分别是"产品规格选择界面"和"报价条件设定界面"。在产品规格选择界面中，对客户匹配的全部规格进行定义。当然，在磋商洽谈的初期阶段无法确定

第4章 通过模块化设计和BOM重建实现多品种化、缩短过程周期

所有的规格,所以这个时候需要使用默认值(初始值)制作报价单。

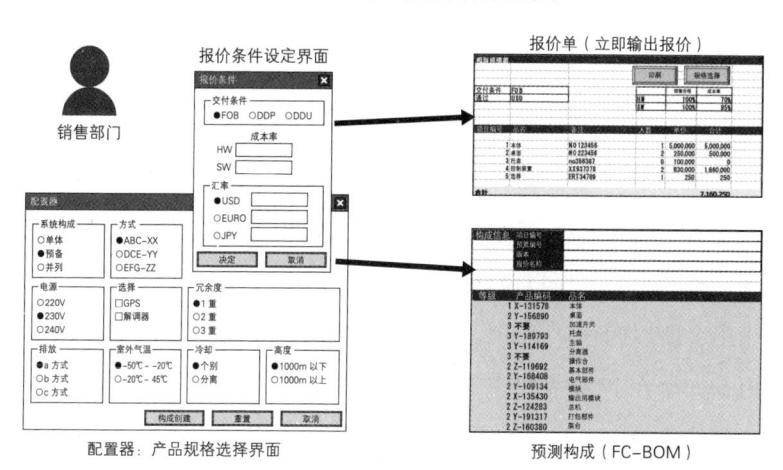

图表76:销售流程改革、事前准备的示例图

配置器:产品规格选择界面　　　　预测构成(FC-BOM)

提案型销售的要点是尽可能向默认值或配置器推荐的规格值上引导。选项中没有的规格值是定制规格,也是产生定制设计的原因。

进行磋商洽谈时,销售部门负责修改项目规格的信息,输入客户认可的规格值,以逐步提高规格值和报价的精确度。

此外,配置器还配备了规则检查功能,以限制选择不能实现的规格值的组合方式。检查功能规则是设计人员将规格值中的禁止规则常识整理成数据库,任何人都可以查用。甚至可以在设定报价条件的界面中设定不同国家的外汇汇率和成本率等信息。

153

利用这些信息，可以在现场生成报价单。图表 76（右）是该业务的示例图。此外，在接收订单之前，销售部门也可以根据项目的准确性输出预测信息并提前做好安排。

- **设计流程**

图表 77（左）是设计流程变革后的示例图。由设计部门在配置器中输入最终确定的订单规格，输出报价结构（因为是接收订单的项目，所以应该叫作"订单结构"，但此处是配置器的输出，所以叫作"报价结构"）。报价结构只能创建成模块级别，但是如果在 PLM 系统中完成注册，那么同样在 PLM 系统中注册的模块 BOM 可以与它相结合，生成扩展到末端零件的准备结构（设计 BOM）。图表 77（右）是显示在 PLM 系统界面上的准备结构（设计 BOM）的示例图。

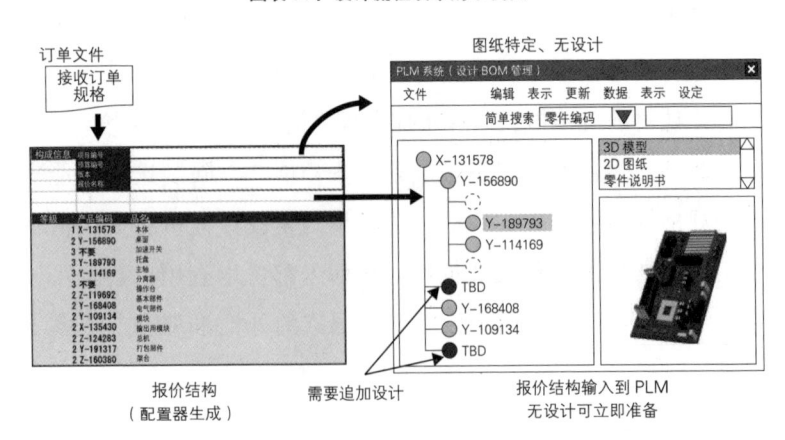

图表 77：设计流程改革的示例图

第4章 通过模块化设计和BOM重建实现多品种化、缩短过程周期

如果简单地解释PLM系统的界面构成，界面左侧的对话框显示生成的准备结构（设计BOM）。右上角是附加到设计BOM中所选项目的文档列表。在这张图表的示例中，三个文档附加在准备结构（设计BOM）选出的零件上。处于此图示的情况时，显示的电子基本3D模型与准备结构（设计BOM）选择的零件相关联。

用"全部依靠标准模块构成设计BOM"的处理方法可以完成准备结构，但是如果存在定制规格，则需要添加如图表77（右）所示的附加设计，显示的信号（产品编码：未定）表示的是被删掉的标准模块和零件。由设计部门对这些零件进行附加设计并完成准备结构（设计BOM）。

该业务示意图表示最大限度地使用标准模块，在新项目中只针对需要的部分进行设计。

● 生产流程

在生产流程中有一点很关键，即使用预测结构提前做好准备。图表78是某个采购零件的新业务示意图。新业务的推进基础是预计投入ERP的"战略投入项目指定列表"以及文档结构中生成的"提前准备模块的产品编码列表"。

此外，要提前准备标准模块和零件，将其作为工艺合件库存，以便在确定订单的阶段中选择模块，通过组装这些零件达成建立对应规格的完成品的BTO型生产方式的目标。因为比较

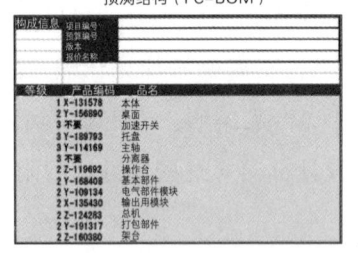

图表78：生产流程改革的示意图

接近模块的逻辑，所以也可以叫作"组件模块生产"。模块化设计最大限度地减少了零件和模块的类型，同时大幅缩短了从接收订单到交货的周期。

栏 目

集训形式的项目启动研讨会①——用户部门的参与问题

与重建BOM的项目相同，在BPR（业务流程改革）的项目中，用户部门也必须参与进来。

然而，用户部门的核心人物往往过于繁忙，无法抽出时间参与项目。即便如此，经营企划部门提出BPR项目后，实际启动时也必须有用户部门的协助。

第4章 通过模块化设计和BOM重建实现多品种化、缩短过程周期

一般企业的真实情况如下:
- 经营干部、企划部门想要进行改革;
- 用户部门认为有必要进行改革,但出于工作繁忙而犹豫不决;
- 还是想沿袭目前的工作风格;
- 希望改善当前使用的信息系统的操作性,但不清楚原本最理想的状态是什么。

在这种情况下,通过集训合宿形式进行项目启动的研讨会,也是一个解决办法。

7

按目的类别划分的 BOM 之间的协作

按目的类别划分的 BOM 的必要条件，以及实现协同统一的信息基础是什么？

接下来，项目组针对支持新业务理念的按目的类别划分的 BOM 的协作方法以及信息基础设施进行了一番讨论。

图表 79 是按目的类别划分的 BOM 的协作示意图，大致分为 "PLM 管理" 和 "ERP 管理" 两个区域。D 公司产品的生产交给了外部生产承包商负责，所以由承包商负责管理 ERP。为了实现本项目的理念，项目组请求委托生产方提供了系统协作方面的协助。

• 报价结构（报价 BOM）

- 目前为止，报价结构没有按数据库的模式进行管理，所以将其追加为新增管理目标。
- 利用项目信息和规格、模块主控，在配置器上生成报价结构。在此生成的报价 BOM 的最小单位是模块，其具有

第 4 章 通过模块化设计和 BOM 重建实现多品种化、缩短过程周期

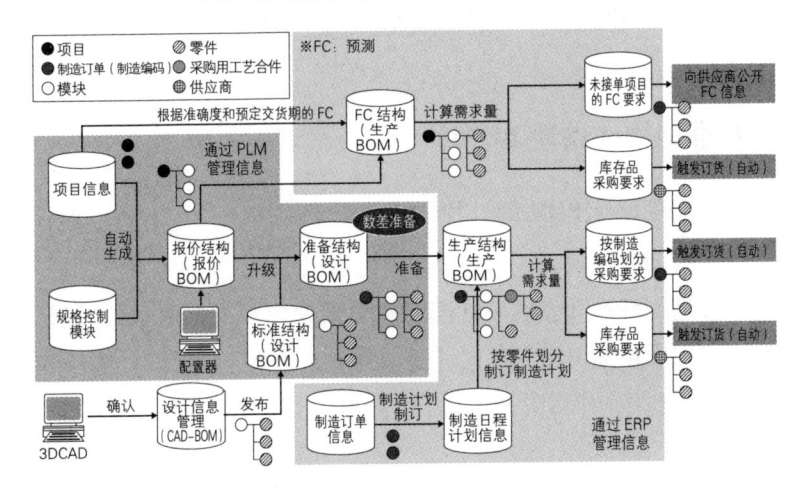

图表 79：按目的类别划分的 BOM 的协作示意图

成本信息的属性，一旦确定了配置的模块，就可以汇总整个产品的成本。

· 位于报价结构最上层的 ASSY（装配）是项目（管理预定交易的项目）。

● 设计信息管理（CAD-BOM）

· 这里指存储在 CAD 数据管理系统中的信息，即 CAD-BOM。

· 与 3DCAD、电气 CAD 创建的 ASSY（装配）和电路配置具有相同的配置，在此管理 3D 模型、结构和电路图等。

· 从 3DCAD 和电气 CAD 中反复进行插入和导出，提高设

计的完成度。这些技术信息的图纸检查获批后，才可以作为标准结构（设计 BOM）发布到 PLM 中。

- **标准结构（设计 BOM）**

  - 它是设计 BOM 的一种形式，用于管理该项目中新追加管理的标准模块。
  - 进行标准开发的设计部门在更新此内容的同时进行开发。标准配置中的最上层的 ASSY（装配）基本上是一个模块。

- **准备结构（设计 BOM）**

  - 它是设计 BOM 的一种形式，按制造编码制作，保持提交到生产工厂的准备结构。
  - 报价结构依据正式订单提升等级，最小单位是模块。通过与构成标准结构管理的模块的零件相结合，准备结构能够展开到终端零件。
  - 出现定制规格时，设计部门在该准备结构中定义并完成客户要求定制的零件。

- **生产结构（生产 BOM）**

  - 生产结构属于生产 BOM 的一种形式，由生产工厂的企划

第 4 章 通过模块化设计和 BOM 重建实现多品种化、缩短过程周期

部门负责管理。
- 使用设计部门发布的准备结构，同时考虑生产流程和采购的便利性，最终确定配置。例如，将电子线路板或单元产品等的组装工序进行外包时，追加工艺合件的处理方式就属于这种情况。在图表 79 中，采购用的工艺合件被添加到了生产结构中。
- 有时反映生产工序，进行生产 BOM 的重组转换。
- 生产结构最上层的 ASSY（装配）是按照制造编码划分的产品编码。

● 按制造编码划分采购要求

- 按制造编码、按供应商分类统计完成的采购零件列表由采购部门负责管理（因为这是采购零件的零件表，所以可以叫作"采购 BOM"；但因为它不是结构信息，所以勉强可以叫作"采购要求"）。
- 由于是按照制造编码统计的，所以交货后作为制造备用零件来进行管理。
- 原则上采用从所需日期开始倒推计算的自动触发订货方式（如果存在采购风险，则不限于触发订货）。

● 库存品采购要求

- 这是由采购部门管理的按供应商分类统计的采购零件

（库存目录）列表。如果库存产品的数量低于安全库存，则由系统自动订货。
- 当项目的接单准确率增加并决定进行战略投资时，依据 FC（预测）配置制订物资需求计划，可以追加到采购要求中。
- 在缩短生产过程周期和避免缺货方面发挥重要作用。

• FC 结构（生产 BOM）

- 它是该项目中一个新增管理的 BOM。
- FC 的含义是预测。FC 结构是生产 BOM 的一种形式，通过报价结构和标准结构的相互组合而生成。
- FC 结构表示的是未接单的产品结构，仅针对确定预先安排的项目实施物资需求计算，进行安排处理。

• 未接单项目的 FC 要求

- 它是在该项目中新增管理的采购要求中的一种形式。
- 它由采购部门管理，是按接收订单项目分类的、供应商统计的 FC 零件列表。由于它属于项目专用件，只在接收该项目订单时才显示所使用的 ASSY（装配）和零件，所以在订单确认之前原则上不会触发订货。基本上只向合作的供应商公开预测信息。

第 4 章　通过模块化设计和 BOM 重建实现多品种化、缩短过程周期

- 过程周期长的零件、采购风险较高的零件可以采取战略性的订购方式。

项目组通过将这些按目的类别划分的 BOM 和采购要求组合起来，利用配置器生成报价 BOM，提前对一些产品，尤其是在过程周期方面交货期较长的产品进行了准备。然后通过提前开始组装工序，缩短了整体的生产时间。

栏　目

集训形式的项目启动研讨会②——由用户自行绘制愿景

BRP 的方向依据的不是企划部门的强买强卖，而是用户自身期望实施的新业务风格。为了实现相应目标，最好由用户描绘自己的愿景。

该研讨会通常采用两天一宿的集训形式。由于需要有开发、生产管理、制造等实践部门的经理级别的人员参加，所以会议一般是从周五下午开始，到周六晚上结束；或者在周末（周六、周日）进行。

会场选择在公司的会议室会让人产生一种"被困在当前业务模式中"的感觉，因此最好使用公司外部的培训中心，以便轻松催生出新构思和新想法。

163

8 模块化设计改革的执行

完成模块化试验后,获得成果的执行步骤是什么?

在确认了该公司产品的模块化适用性后,项目组为了获得成果,制定并实施了如图表 80 所示的执行步骤。因为实现模块化设计是改革的动力,所以项目组将该项目正式命名为"模块化设计改革项目"。试验阶段之后还有三个阶段,详细内容如下。

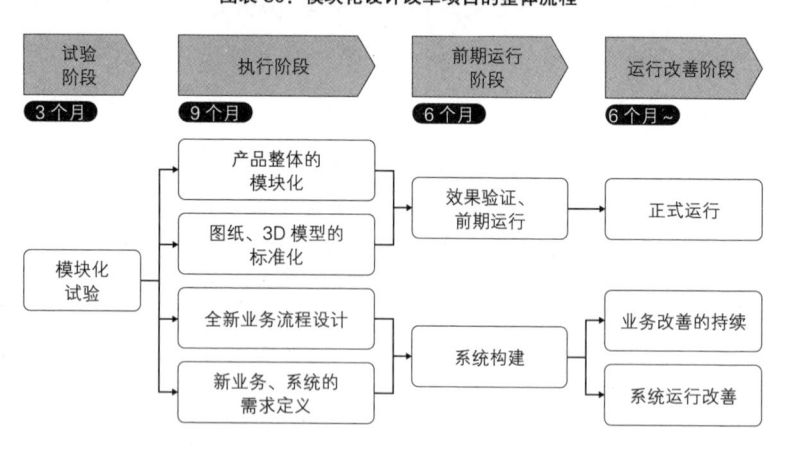

图表 80:模块化设计改革项目的整体流程

试验阶段	执行阶段	前期运行阶段	运行改善阶段
3个月	9个月	6个月	6个月~

模块化试验:
- 产品整体的模块化
- 图纸、3D 模型的标准化
- 全新业务流程设计
- 新业务、系统的需求定义

→ 效果验证、前期运行 → 正式运行

→ 系统构建 → 业务改善的持续 / 系统运行改善

第4章 通过模块化设计和BOM重建实现多品种化、缩短过程周期

• 执行阶段

通过模块化试验，确认目标产品的模块化设计实用性后，进入到产品整体的模块化阶段。由于标准化目标的单元数量和零件、图纸数量超出预期，原计划需要6个月的时间实际上用了9个月。本阶段执行了以下活动内容。

- 产品整体的模块化：对产品整体进行模块化，完成标准结构的准备。
- 图纸、3D模型的标准化：完成图纸和3D模型的标准化并存储在程序库中，以便标准化的设计信息可以作为参考信息重复使用。
- 全新业务流程设计：对使用标准结构的业务流程和组织结构作出了定义。在组织结构方面设立了一个负责模块化的专职小组，进行了模块的扩充、维护、登录请求的审批变革。
- 新业务、系统的需求定义：沿用了图表79所示的针对按目的类别划分的BOM的协作方式，对PLM/ERP构建中所需的业务和系统功能需求作出了定义。最终，只有配置器导入了新系统。此外，只修改了现有的PLM和ERP系统，以尽量减少系统维护周期和投资金额。

• 前期运行阶段

接下来，项目组利用之前制作的模块信息进行了前期运行，

目的是早期验证和获取效果。

此阶段还处于正式系统搭建的前期阶段，所以将Excel开发成了定制的"简易配置器"。在ERP中手动录入"简易配置器"生成的准备结构（生产BOM），安排生产。

不难想象，因为Excel的运行并不意味着系统可以稳定运行，所以用户限定在日本国内的销售及技术人员。为了使新的按目的类别划分的BOM能够顺利协作，在系统搭建完成之前，需要进行提案型销售的实践验证，找出问题。此外，还需要确认通过模块化设计减少的设计工时的效果。在第4章"9 效果验证"中将详细讲解这一部分的内容。

系统搭建工作和前期运行是同时推进的。D公司和生产承包商一直共同拥有PLM和ERP，它们是以制造编码BOM为中心进行设计和生产控制的。因此，本项目中的系统搭建对象是报价结构、预测结构、标准结构的管理和协作，以及配置器的导入与协作。

完成系统搭建之后，项目组开始全面展开新业务流程。

• 运行改善阶段

完成系统搭建之后，用户的使用范围逐步扩展到了海外当地法人。因为配置器是一个可以从网上下载使用的系统，所以用户始终可以使用最新版本的配置器和主数据。此外，该公司的服务器还集中管理标准结构，加强模块变更的统一性和安

第4章　通过模块化设计和BOM重建实现多品种化、缩短过程周期

全性。

本项目的措施不是单纯地导入系统，而是推进价值链上各部门的业务改革。销售部门人员沿袭传统业务的趋势很强，因此尤其需要对他们进行持续的意识改革教育，将销售的思维方式转变为使用配置器的标准规格的引导式销售。

同时，为了让设计部门、生产管理部门和生产承包商最大程度地充分使用模块，项目组还持续推进了运行培训和KPI监控。其定期对整体过程周期、预测相关的库存水平变化进行了监控，改善了模块单位的变更和提前准备的决策方法。

栏　目

集训形式的项目启动研讨会③——集训效果

在集训中，晚上还可以举行社交聚会。在为期两天的有限时间内，研讨会将分成多个专题小组，深入探讨公司的本质问题和解决方案。换句话说，讨论的内容并不肤浅。在社交聚会上，参与人员可以不用顾及自己的职位和立场吐露真言。第二天回到研讨会上后，重要的是相互能够继续深入地探讨问题。

给我留下深刻印象的是：社交聚会后，有一个学习小组回到了研讨会的房间继续探讨。结果，如读者想象的一样。之后，如果项目能顺利地开展起来，参加集训的人员都将成为项目的核心成员。我曾经无数次见证了巧妙运用探讨过程中的启示获取成功的案例。

在集训最后的总结会上,参加人员会被邀请,讲述一下他们在这两天里在意和担忧的事项。对于未来启动的项目活动,他们的热情十分高涨。"我知道必须这样做,还好让我参与进来了。"这样的评论给我留下了深刻的印象。

第4章 通过模块化设计和 BOM 重建实现多品种化、缩短过程周期

9

效果验证

本小节解释并说明了模块化设计的效果和 KPI 的验证效果。

项目组在图表 80 所示的前期运行阶段中进行了模块化设计的效果验证,其中设置了三个 KPI。接下来,我将按照验证的顺序逐一进行解释。

最初,项目组以前期运行阶段在三个月内发生的项目为对象,测算了项目响应率和设计工时削减率。在这段时期,PLM 和 ERP 的系统搭建尚未完成,所以需要用 Excel 进行决策表的管理。验证方面使用的配置器是"简易配置器",它是使用 Excel 计算公式和宏开发的。

原本,在系统准备就绪后进行效果测定更容易获取稳定的结果。但现实是,项目组不能在所有的系统准备就绪后进行测量,而是要尽早确认模块化效果并尽可能地对业务改革方针和系统搭建给予反馈。

● 项目响应率

无论是模块化设计，还是图纸和规格的标准化，没有可实际运用的项目，自然不会出现任何效果。而且，没有可实际运用的项目，很有可能意味着项目假设就是一个错误。在此验证的过程中，项目组测算了可实际运用的配置器和模块占整体项目的百分比。

该项目的项目响应率的目标为 70%，但结果达到了 90%（参考图表 81 中上半部分的数值），明显超额完成了原定目标。项目组由此证实了最初的假设是正确的，有很多项目可以通过标准规格的提案型销售来订购模块。

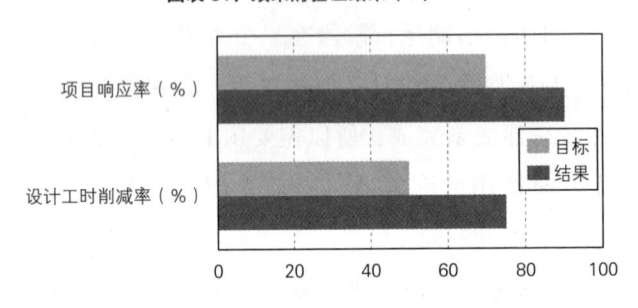

图表 81：效果的验证结果（1）

● 设计工时削减率

设计工时削减率是衡量模块化设计可以抑制多少定制设计的指标（KPI）。它从记录每个订单的工时记录系统中提取数值，使用实际设计工时进行评估。

第4章　通过模块化设计和BOM重建实现多品种化、缩短过程周期

项目组的目标值是50%（减半），即将市场要求的接单到出货的过程周期减半。因为设计流程的过程周期和设计工时也需要减半，所以设定了这个目标值。

如图表81下方的指标所示，最终减少了75%。项目组看到超出预期的结果，松了一口气。当时进行的效果验证仅针对一个模块化产品，但是D公司的经营层根据这个结果，依然决定将模块化扩展到其他产品类别中。

• 从接收订单到订单出货的总过程周期

项目组在模块化设计工作取得进展后，开始通过可制造性设计（Design for Manufacturing，简称DFM）对标准化模块实施进一步的设计改良，使其更易于加工和组装。因为以往有很多定制设计，还有很多非标准部分，所以项目组在降低成本方面一开始表现得不是很积极。但基于模块化设计的标准化取得进步后，DFM更容易创造效果了。此外，项目组还注重通过加强图纸过程周期和生产流程管理，加大力度缩短从接收订单到订单出货的总过程周期。

其结果变化如图表82所示。从整体比例上看，模块化设计缩短过程周期的效果较大。同时，包括其他措施在内，缩短工艺合件制造和最终装配工序的过程周期的效果也逐渐显现出来。

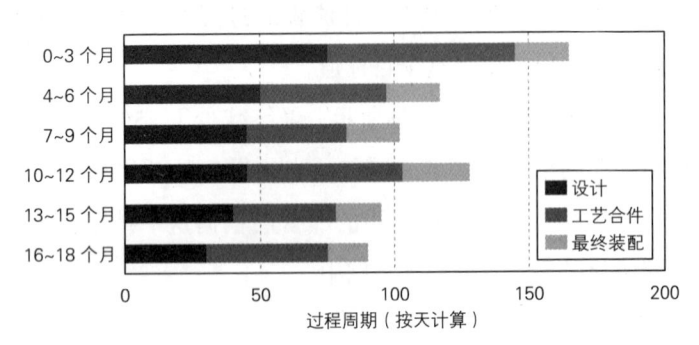

图表 82：效果的验证结果（2）

• 项目结束后

从项目启动开始大约两年后，项目组解散了，这项工作由新成立的开发流程支援部门继续负责。实施内容的案例包括对其他产品和其他业务的模块化扩展、为由此产生的问题制定对策以及业务改进。目前，该活动已确立为一项常规活动，将在该公司持续进行下去。

第 5 章

脱离图纸文化

本章要点

本章将介绍汽车零件制造商 E 公司的问题解决模式，它的主题是"技术信息结构化""上游开发阶段的技术信息的共享"和"技术与生产的协作流程的效率化"。E 公司有很多资深的工程师，经常用隐性知识开展业务。然而随着时间的推移，企业层面终于意识到了延续技术和技术诀窍的重要性。现在已经到了需要真正探讨如何进行知识管理的时候了。

此外，为了拓展海外市场的业务，技术与生产之间的协作流程出现了问题，迫切需要重组业务流程。

- 说明 E 公司在技术与生产协作中出现的具体问题。
- 介绍应对该问题的可行性解决方案（改革理念）。
- 介绍项目组在实现改革理念时采取的思路和方式。
- 以说明的方式补充流程清单（BOP）的基础知识，它是按目的类别划分的 BOM 中的一种。

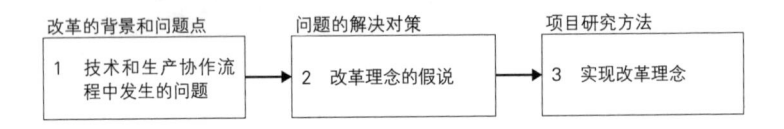

改革的背景和问题点	问题的解决对策	项目研究方法
1　技术和生产协作流程中发生的问题	→ 2　改革理念的假说	→ 3　实现改革理念

1 技术和生产协作流程中发生的问题

汽车零件制造商 E 公司需要重建 BOM 的理由是什么？

    E 公司是一家在全球范围内制造和销售汽车零件的制造商。这家公司的特点是：产品零件的数量不算多（只有几十个），但是制造工艺复杂，而且有很多技术诀窍和管理标准。这也是他们的核心竞争力。

    但是，E 公司在开发过程中一直沿用的是个人主义的方法，即将讨论中的图纸、每次制作的技术文件和管理文件全部汇集在一起，反复召开包括设计部门、生产技术部门、生产管理部门、采购部门和其他相关人员在内的会议，以期提高设计的完成程度。

    此外，E 公司还有很多资深的职工，他们在产品设计和生产技术上拥有丰富的知识和经验，这就让企业面临着一个经营问题：大部分的技术诀窍是隐性知识，企业层面的知识、技术传承管理需要改进。

    当时，E 公司正在强化海外市场的销售战略并为此增加了产品种类，而生产计划的错误解读、技术信息的延迟发布等成了货物短缺和大量库存积压的原因。

其存在的突出问题如下。

• **问题1：从技术到生产流程的转移工作中手工操作较多**

图表83是将技术信息转移到生产的流程。技术部门输出的是设计指导书等技术文件，其中记录了产品图纸、加工图纸、性能、品质要求、管理方法和制造条件等。生产管理部门会直观读取这些信息，并手动输入到生产主数据（生产BOM或生产条件主数据）中。

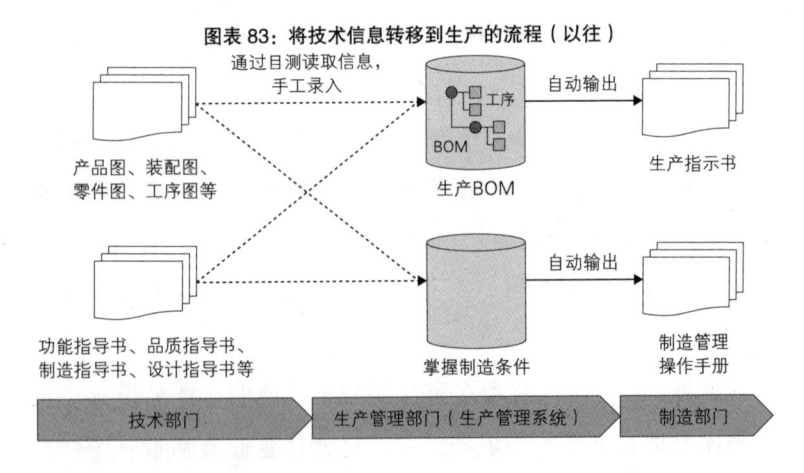

图表83：将技术信息转移到生产的流程（以往）

一旦完成这些信息，制造部门发布的生产指示书（按零件编码的生产数量和交货日期分类）、制造管理操作手册（资料中记录着按零件编码设置的用于换产的制造条件和用于检查的品质标准信息）就会自动输出。

该流程中存在两个问题：生产 BOM 和制造条件主数据的直观读取与手动输入。从技术部门发布的信息并没有作出最优化的输入处理，反而用技术管理进行了信息的整理。例如，热处理的制造条件没有按零件编码整理，只记录了热处理设备作为关键词，而在制造条件主数据的输入工作中需要按产品和零件编码、工艺为关键词来制作这些信息。这意味着需要用熟练的技能、诀窍和信息转换技术来提取和输入生产所需的信息。

此外，由此还衍生出一个"如何沿袭专业技能"的问题。技术部门和生产管理部门充分利用了最新的 IT 技术，试图将一系列的窍门转换成显性知识，找出更加有效的技能传承方法。

同时，为了减少库存，企业必须大幅减少设计变更和生产主数据更新之间的准备时间，提高该流程的效率也越来越重要。

• 问题 2：设计变更依赖图纸，修改图纸数量过多

技术部门在 ASSY（装配）图中创建了一个项目列表用于表示产品的零件组成，清晰表述结构零件。此外，由于 E 公司的产品种类非常多，所以其采取了尽可能使用通用零件来减少零件种类数量的策略。也就是说，当通用零件出现更改的时候，需要修改所有使用该零件的 ASSY 图。

图表 84 是用于解释说明的模型案例。

图表84：通用零件的修改和改版对象的 ASSY 图纸

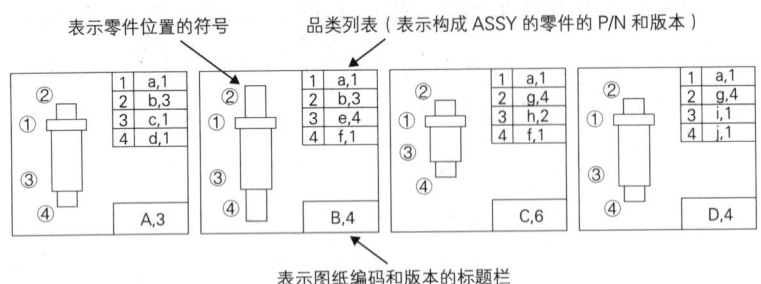

表示零件位置的符号　　品类列表（表示构成 ASSY 的零件的 P/N 和版本）

② ① ③ ④	1 a,1 2 b,3 3 c,1 4 d,1
	A,3

② ① ③ ④	1 a,1 2 b,3 3 e,4 4 f,1
	B,4

② ① ③ ④	1 a,1 2 g,4 3 h,2 4 f,1
	C,6

② ① ③ ④	1 a,1 2 g,4 3 i,1 4 j,1
	D,4

表示图纸编码和版本的标题栏

- 零件（a，1）在四个 ASSY 图中通用，分别记录在四个 ASSY 图的项目列表中。
- 当通用零件（a，1）版本升级到（a，2）时，只需更改项目列表就能将所有的 ASSY 图列为改版对象。

该修改结果会生成四张 ASSY 图，分发给所有的相关部门和工厂。该案例中的零件通用于四个 ASSY 图中，但是在现实中，它能通用于几十甚至几百个 ASSY 图中。因此，更换通用零件时往往会加重图纸修改和分发工作的负担。

该流程的问题主要有两点：一是由于图纸中包含项目列表，因此项目列表修改后图纸需要重新绘制；二是需要在生产 BOM 中手动输入读取结果。

在这种情况下，技术部门和生产管理部门的策划人员共同组建了项目组，开启了项目改善活动。

2 改革理念的假说

解决问题的技术信息主数据与提高生产协同效率的对策是什么？

项目组向专业从事 BOM 重建工作的顾问寻求解决这两个问题的建议。顾问提出的建议是三种改革理念的"假说"。

• 假说 1：技术信息的结构化

第一种假说是图表 85 所示的"技术信息的结构化"。E 公司的常规技术信息体系是各种图纸和技术文件，即文档集合。这种理念（假说）是将图纸和技术文件定义为不同分类的项目，并且把这些信息按关系相关联进行结构化的一种管理方式，由此命名为"技术信息主数据"。

技术信息主数据的管理项目分类及其特征如图表 86 所示。顾问指出：由于每个项目都是独立管理的，所以可以单独修改。

通过掌握、共享各种技术信息，项目组在绘制图纸之前就可以促进跨部门的合作开发，把那些容易变成隐性知识的技术、

图表85：技术信息的结构化

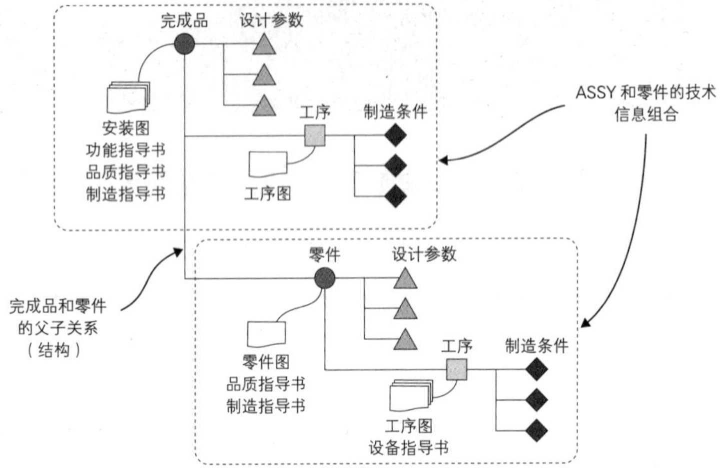

窍门和知识转化成显性知识，使产品技术转移到其他项目和海外基地更容易。

● 假说2：图纸和BOM的分离

第二种假说是图纸和BOM的分离。E公司中存在一个问题：即便只更改了项目列表，也必须修改所有与之相关联的图纸。这个假设相当于它的解决对策。当然，实现这个假说需要具备两个前提条件：一是技术信息主数据的利用；二是修改以下两种图纸样式的规定。

(1) ASSY图纸上的项目列表仅以表示零件的位置为目的

在以往的图纸样式中，因为在项目列表中记载了修订后的

第5章 脱离图纸文化

图表86：技术信息主数据的管理项目

管理项目种类	说明
完成品、ASSY、零件	技术信息主数据的核心信息：完成品是最终产品，ASSY 是组装工序合件，零件是单品。
设计 BOM	是指在成品、ASSY、零件之间定义的父子关系的关联，从完成品开始全部展开，表示产品结构。
工序	表示制造工序，与完成品、ASSY、零件的下级相关联。在各道工序中，制造条件和制造相关的技术文件相互联系。图表85为了便利只记载了一道工序，但实际可以定义多道工序。
设计参数	它是和完成品、ASSY、零件相关联的信息，主要表示图纸记录的关键尺寸信息和材料等的属性。该信息会自动传送到制造管理程序书上的生产设备所需的制造条件和检查项目信息中。虽然是从图纸上转过来的，但同生产管理部门的读取时间相比，技术部门的录入时间更短，所以按结构化数据进行管理更为妥当。
制造条件	它是与工序图相关联的信息。假设该信息被自动传送到制造管理程序书上的生产设备所需的条件。现在技术部门发行的制造指导书中会有记录，但录入到技术信息主数据后，就可以废止之前的记录。
各种图纸	图纸与相应的完成品、ASSY、零件、工序相关联并进行管理。在技术信息主数据上，相关人员不仅可以从图号、零件和工序中使用 BOM 进行检索，还可以通过相互关联的构成零件和技术文件的关系中检索图纸。
各种技术文件	与图纸一样，技术文件是与完成品、ASSY、零件和工序相关的管理文件。在文件和多个零件相关联的情况下，可以通过对所有文件进行关联设定改善相关文件的可视性，降低零件变更和文件变更出现遗漏的风险。

内容，所以每次升级零件的版本时都需要修改图纸。

如图表87所示，ASSY 图上的项目列表中没有记录版本升级的信息，目的仅是在图纸上表示零件的位置。不需要指定零件的位置时，省略项目列表。

（2）分别创建图纸和设计 BOM，ASSY 图为附件资料

创建的设计 BOM（参照图表86的设计 BOM）是技术信息主数据的一部分，用它代替以往的项目列表，可以实现在设计 BOM 上准确指定版本升级编码。如果修改的只有以往的 ASSY 图上的项目列表，则仅用设计 BOM 的处理即可完成设计变更。

181

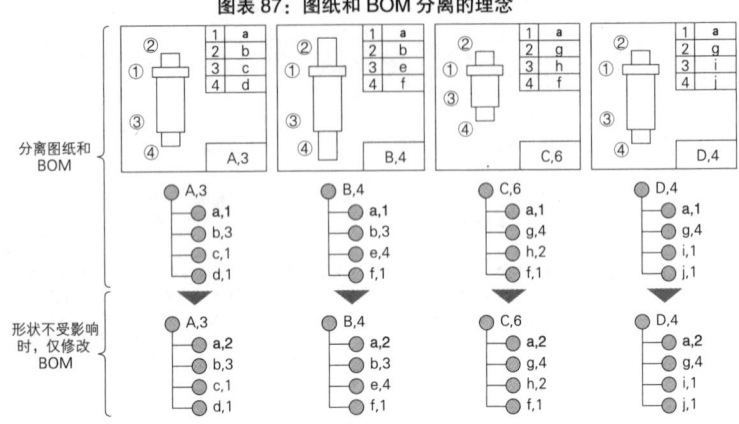

图表87：图纸和BOM分离的理念

例如，图表 87 的通用零件（a，1）的升级处理属于 Loose Structure（总是从父级 ASSY 扩展到最新版本的结构），仅将零件（a，1）升级为（a，2）版本即可完成设计 BOM 的修订。与以往相比，处理方式更加紧凑。

● 假说 3：技术信息主数据在生产准备流程中的活用

第三种假说是技术信息主数据在生产准备流程中的活用。这是项目组期待最高的一个假说，其重点分为以下两点：

（1）高效的生产 BOM 的创建

项目组认为使用技术信息主数据创建和更新生产 BOM 可以显著提高效率和准确性。

以往，技术部门在图示上手工创建项目列表，生产管理部门则一边看图纸，一边抄录、创建生产 BOM［图表 83（上）］。

第5章 脱离图纸文化

这种方式效率低，而且是重复作业，项目组认为尚有改善的余地。此外，生产管理部门读取加工工序图和技术文件，在生产BOM中手工输入工序信息，这一流程也可以通过从技术信息主数据中引用实现自动化。最终，生产管理部门和采购部门向迄今为止自动创建的生产BOM的品类属性中增添了本部门业务的采购信息和物流信息，完成了生产BOM。

项目组认为，这个假设在提高效率和准确率方面达到了预期的效果。

（2）高效的制造管理操作手册的创建

以往，为了向制造部门输出制造管理操作手册，生产管理部门需要创建制造条件主数据。在操作过程中，相关人员不仅要读取技术部门发布的大量图纸和技术文件，还要在制造条件主数据中手动输入和抄录信息。

与之相对，制造部门需要预先将必要的信息系统化，并将其存储在技术信息主数据的管理信息中。"技术信息和工艺矩阵"是一个转换表，需要将技术信息主数据管理的信息按零件编码、工序类型进行整理并输出。通过合并两个主信息，可以按工序区分设计参数和制造条件，并且按制造管理操作手册进行输出（图表88）。此外，一旦完成该数据库，技术部门进行的更改就可以立即反映到制造管理操作手册中，进而显著缩短过程周期。

项目组认为通过技术信息主数据在生产准备流程中的使用，可以同时解决以往业务中存在的两个问题：一是专业知识和经

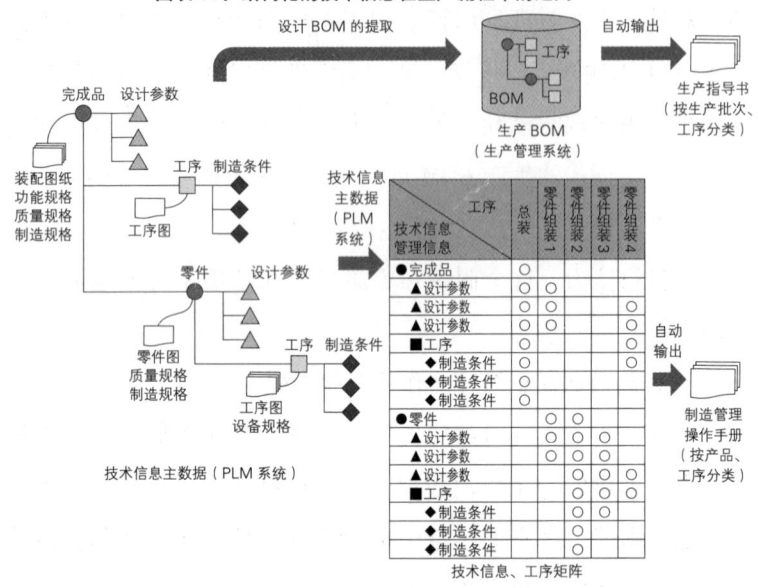

图表88：结构化的技术信息在生产流程中的运用

验的数据转化；二是减少抄录和重复作业。同时，项目组意识到需要对这些理念（假说）进行验证。

3 实现改革理念

项目组为实现改革理念实施了哪些对策？

● 验证改革理念

在迄今为止的活动中，项目组提出了三种改革理念的假说，并意识到有必要验证这些假说在 E 公司中的可行性和效果。因此，项目组的下一步计划是向经营层提议实施"理念规划阶段"和如图表 89 所示的审核机制。

项目组以实现前所未有的技术信息结构化理念为前提，认为必须做到两点：一是分配技术部门的设计人员和生产技术的核心人员；二是让生产管理部门参与进来，导入 PLM 系统和生产管理系统，使生产准备流程的效率更高。

为提高改革理念（假说）的准确性、呈现量化效果，经营层批准了"理念规划阶段"的实施方案。

项目组在理念规划阶段竭尽全力验证了改革理念。尤其是在结构化的技术信息中，项目组重点验证了"设计参数和制造条件是否可以在没有人工干预的情况下自动传送到制造管理操

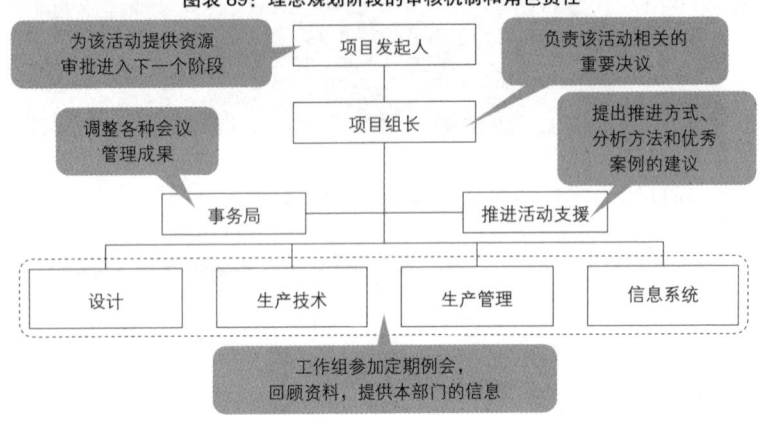

图表89：理念规划阶段的审核机制和角色责任

```
为该活动提供资源          项目发起人          负责该活动相关的
审批进入下一个阶段                            重要决议

                          项目组长
调整各种会议                                  提出推进方式、
管理成果                                      分析方法和优秀
                                              案例的建议
                    事务局        推进活动支援

        设计      生产技术      生产管理      信息系统

                          工作组参加定期例会，
                          回顾资料，提供本部门的信息
```

作手册中"。

验证的结果是：能够判别完全自动化的项目、稍微做一些修改就能传送的项目、和以往一样需要读取技术文件的项目，并且量化自动化的比率。

此外，通过推进以下三点的量化效果，可以将相关流程以往所需的工时减少一半左右。

- 利用技术信息主数据，减少生产 BOM 的创建和变更时间。
- 利用技术信息主数据，减少制造管理条件主数据的创建和变更时间。
- 通过分离图纸和 BOM，减少修改图纸的数量和设计修改的工时。

第 5 章　脱离图纸文化

● 本项目结束后

本项目按照图表 90 所示的顺序完成了系统搭建。系统运行之初，由于业务改革比例较大，所以需要对包括开发承包商等在内的用户部门进行大力支持。随着用户对业务的逐渐习惯，新业务开始渗透进来。

图表 90：BOM 重建项目的推进方式

阶段名称	项目准备	构思准备	新业务设计	系统业务	运行改善
目　的	制定改革理念（假说）	验证改革理念（假说）	改革理念具体方法的确定	实现改革理念的系统构建	通过实际运行确认效果
主要活动	・改革假说的制定 ・项目策划 ・立项 ・活动机制构建	・设定目标 ・现状分析 ・改革理念（假说）的验证 ・效果分析	・现状业务分析 ・新业务设计 ・系统化 ・策划立项	・系统设计 ・系统开发 ・测试	・运营监控 ・问题提取与改善

E 公司采取的对策是整合和构建设计 BOM、流程清单（BOP）、设计参数、制造条件和技术文件，并在这个过程中发现其意义。可以说，这是一个成功摆脱图纸文化的案例。

解说⑦

按目的类别划分的BOM（2）

◎**BOP（流程清单）**

BOP 是 Bill of Process 的缩写，意思是流程清单，是按目的类别划分的 BOM 中的一种形式。BOP 本身一直以生产技术部门的输出形式存在，一般按 ERP 和生产管理系统的工序信息进行管理。

最近，由于信息管理技术的发展，出现了用 PLM 系统管理的示例。它的目的在于加强技术（产品设计和生产技术）和生产协作，在全球范围内共享生产技术信息并加强管理。

图表91是在 PLM 系统中进行管理的 BOP 的两种经典形式。图的左边是 BOM 和 BOP 结合的系统类型（结合型）。在更新 PLM 系统时，可跨越产品设计部门和生产技术部门之间的界限，紧密结合 BOM 和 BOP。图的右边是分别构建 BOM 和 BOP 的系统类型（分离型）。由于许多公司已经引入了 PLM 系统来管理设计 BOM，没有扩展系统，所以生产技术部门成了主体（尤其是在全球层面），目的在于加强生产技术信息管理，并将其作为一个单独的系统引入。工序的最终形式是以零件和 ASSY（装配）完成的零件编码为关键词的，所以即便数据库不同，也可以实现两种系统之间的协同操作。

图表92是通过灵活利用 BOP 来提高技术和生产协作的案例。

第5章 脱离图纸文化

图表91：BOP 的形式（结合型、分离型）

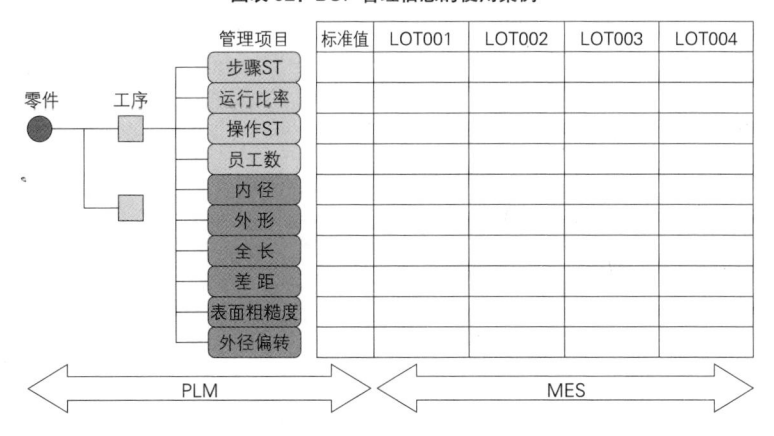

PLM（BOM/BOP 整合型）　　PLM（设计 BOM）　　PLM（BOP）

图表92：BOP 管理信息的使用案例

管理项目	标准值	LOT001	LOT002	LOT003	LOT004
步骤ST					
运行比率					
操作ST					
员工数					
内径					
外形					
全长					
差距					
表面粗糙度					
外径偏转					

←―― PLM ――→　←―― MES ――→

　　PLM 上的 BOP 持有制造工序中的管理项目及其标准值。由 MES（制造执行系统）获取在制造现场产生的实际信息。综合这些信息并使其可视化，可以通过数据确认技术当初设定的计划值和生产现场取得的实绩信息的差，迅速采取对策。换句话说，能够缩短技术和生产之间的 PDCA 循环周期。

第 6 章

BOM 重建项目的设计

本章要点

到此为止，本书已经介绍了 BOM 重建的问题解决模式。本章将结合以往案例，对重建 BOM 的项目设计方法、项目执行要点和分析工具等进行说明。

本章由 2 个部分、10 个小节（解说）构成，目的在于为读者自身的项目设计提供参考。

- 在项目研究方法的部分将介绍 BOM 重建项目的整体流程，以及构思企划阶段决定项目价值的推进方式和报告形式。
- 构思企划的构成要素大致可分为 7 个。在构思企划的过程中，项目组成员要共同探讨这些要素，我将对其中应该重视的点（易错的问题点）进行解释说明。
- 此外，作为本章的补充说明内容，我还将介绍一些与业务需求、RFP 创建方法、问题提取方法相关的工具。

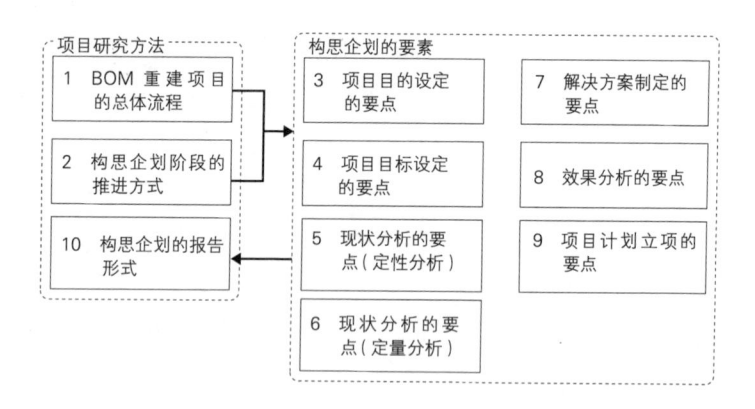

项目研究方法	构思企划的要素	
1 BOM 重建项目的总体流程	3 项目目的设定的要点	7 解决方案制定的要点
2 构思企划阶段的推进方式	4 项目目标设定的要点	8 效果分析的要点
10 构思企划的报告形式	5 现状分析的要点（定性分析）	9 项目计划立项的要点
	6 现状分析的要点（定量分析）	

第 6 章　BOM 重建项目的设计

1　BOM 重建项目的总体流程

确认 BOM 重建项目的总体流程。

截至上一章，我介绍了利用 BOM 重建解决问题的多种模式。但是为了实际解决问题，企业必须启动一个项目，制订计划并按计划执行。

本章整理了 BOM 重建项目的设计方法和要点。首先，是项目的总体流程。

图表 93 是组成整个 BOM 重建项目的五个阶段、目标、主要任务、预期期限以及外部顾问和开发承包商参与项目的时机。开发承包商参与的时机取决于项目类型，本章也会介绍此部分内容。

接下来，让我们依照顺序确认每个阶段的要点。

- **项目准备阶段**

该阶段是启动项目的准备阶段，有时也可称为"项目启动阶段"或"项目建设阶段"。

图表 93：BOM 重建项目的总体流程

阶段名称	项目准备	构思企划	需求定义	系统搭建	运行、改善
目 的	确定改革方针，整合范围、机制和日程概况。	根据经营课题确定改革理念，预估效果。	创建 RFP（需求建议书），制定业务需求和业务流程以实施改革理念，确定 SI 供应商。	搭建适合新业务的系统。	运行搭建完成的系统，确立并将其扩展到其他基地，以期进一步改进。
主要任务	·制定粗略的改革方案； ·启动项目。	·现状分析； ·制定改革理念； ·预估效果； ·制订改革计划。	·分析现状； ·制定新的业务流程； ·定义业务需求； ·创建 RFP。	·系统设计； ·系统开发； ·测试； ·培训。	·运行课题、对策； ·展开计划。
设想期限	3~6 个月	3 个月	3~6 个月	6 个月~1 年	6 个月~1 年

顾问参与 ▼ 项目准备
开发承包商参与 1 ▼ 需求定义
开发承包商参与 2 ▼ 系统搭建

项目启动的背后往往隐藏着各种原因，如经营层的指示、部门上报的拟定改革方案审批通过、重要客户的要求、解决公司重大问题的必要性等。但是无论出于哪种情况，企业都不可能立即投入资金和人员。项目组需要了解的是：该项目到底能实现什么、需要花费多少时间和费用、是否有必要牵扯到公司外部的合作伙伴、公司能够获得怎样的效果和成果。

项目组成员要把这些情况整理成粗略的改革方案，并在项目启动时，在策划方案中汇总所需的系统方案以及前期设想的预算方案。然后，再与合作开展项目的上司、相关部门和高管进行确认，获得批准。由于这个阶段基本无须花费成本，所以可以由起草者和他所属的部门负责实施。

项目范围①较广、横跨多个部门或需要企业不具备的专业知

---

① 范围：指成为改革和系统导入对象的组织、业务的范围。

识时，企业很难自己执行构思企划。在这种情况下，企业需要聘请专业顾问，同时推进已发生费用的估算和顾问的选择。

● 构思企划阶段

这一阶段的结果往往直接关系到整个项目的成败，因为其决定了项目的价值。在后续的阶段中，本阶段定义的内容将更加具体，即便项目的价值因制约而下降，追加价值的机会也很少。因此，在这个阶段，定义高价值的解决方案和措施非常重要。

这一阶段的顺序将在后面的章节中详细说明。重要的是通过分析现状，找出目标组织的本质问题并制定改革理念（解决方案），彻底解决这些问题。所谓改革理念，是为了能够直观理解改革和问题解决的思考方式而总结的要点。

首先，正如后续第 6 章 "7 解决方案制定的要点"中所解释的，在制定解决方案方面，利用"最佳实践"具有提高项目成功率的效果。"最佳实践"是指其他公司已经实施和验证过的最优案例。获取的途径有咨询顾问或者参加其他公司的交流会。

其次，要推断根据实施解决方案达到的预期效果。不仅要计算定性效果，还要计算定量效果。效果分析将在第 6 章 "8 效果分析的要点"中讲解。

最后，要制订下一阶段及其之后的计划，总结成构思企划案并报告给经营层，获得该阶段结束和进展到下一阶段的批准。

● **需求定义阶段**

在需求定义阶段，构思企划阶段中定义的改革理念（解决方案）要落实到记录了更具体的需求的文件中。需求定义包含业务需求、系统功能需求和非功能需求，它是实现业务流程和安装系统功能必不可少的一项。需求经常与需要混淆，但它的含义并不是需要那种"应该有"的级别。

此外，在需求定义阶段，开发承包商有时候不会参与其中。他们要参与的是"如果在构思企划中确定方向，就要按照其方向推进系统化"的项目。当业务改革趋势强烈、需要设计以往没有的新业务类型的项目时，他们就会与构思企划阶段的项目成员和参与其中的顾问一起，继续讨论相关内容。

前者的优点在于系统搭建阶段的顺畅衔接，后者的优势在于根据新业务流程和业务需求定义的结果比较多个解决方案和软件包，在实现优化建设成本的同时，为企业选择最合适的开发承包商。无论哪种情况，都要创建 RFP① 并获得下一阶段及其后续的项目计划和成本估算。

● **系统搭建阶段**

该阶段以需求定义的结果为基础，落实需要在系统中实现

---

① RFP：英文 Request for Proposal 的缩写，意思是"需求建议书"。它是在企业选择系统供应商时，总结本公司的改革背景和新业务需求，提供 IT 解决方案、项目企划和费用预算等建议的文件。

的功能设计和画面设计。由于这个阶段要决定用户界面和可操作性,因此需要花费一定的时间进行评论。

此外,该阶段还要根据系统设计说明书,开发一个特定的应用程序并按设想进行运行测试。需要注意的是,测试前后都要进行用户培训,还要将现有数据迁移到新系统中。这一系列的准备完成后,新系统即可开始运行。

综上,要根据改革理念进行需求定义,并以此为基础设计系统功能和画面。同时,设计完成的应用程序是根据系统设计结果开发的,因此该阶段具备改革理念具体化的价值,但这不会增加新问题的解决方案。由此,我需要郑重地说一句,在构思企划阶段纳入解决问题的逻辑非常重要。

• 运行、改善阶段

这一阶段主要解决实际运行中出现的问题并进一步改善。为此,需要利用在构思企划阶段中定义的目标值和预期效果值,衡量在策划节点上是否按预期进行了运用、是否取得了效果。这就是所谓的 PDCA。

然后,要在这个 PDCA 周期中进行组织和业务的运行改善和系统的功能追加,将业务流程改善得更好。项目组解散后,建立一个常规运作的支援改善组织、持续进行支援也是非常重要的。

解说⑧

业务需求定义的流程

本小节主要解释"业务需求定义"的五个流程（图表94）。

①当前业务流程的创建

保留当前业务流程，作为定义新业务流程的前提信息。根据这个业务流程，首先要听取大家认为存在问题的事项，然后在相关的流程中追加图文标记，以便后续进行分析。请对照第1章中出现的图表13，它是一个输出示例。

②新业务流程的创建

图表94所示的第二个流程与此相对应。创建新业务时，要运用构思企划阶段中制定的解决方案和改革理念。

还有一种方法是，无论当前情况如何，都可以根据顾问提供的最佳实践建议来创建它。这种流程适用于两种情况：一是本公司目前尚未开展的业务；二是应该实施的业务改革。

③流程需求定义

新业务流程中的每个方框都被称为"业务流程"。在流程需求定义中，需要将业务流程分解并具体化。图表95表示的是业务需求的组成部分。图表95左侧是新业务流程，它是根据上一个流程创建的。其中的一个方框，如图表95右侧所示，其具体可分解为输入、处理、输出、信息系统工具和制约。这五个要

第6章 BOM 重建项目的设计

素和 IDEF[①] 的构思相同。

图表 94：业务需求定义的推进方式

```
解决对策
改革理念  ──→  ①当前业务流程的创建
最佳实践
                    ↓
              ②新业务流程的创建
              ↓           ↓
        ③流程需求定义   ④提取新业务的
                        实现课题
              ↓           ↓
              ⑤业务需求定义审查
```

图表 95：业务需求的构成要素

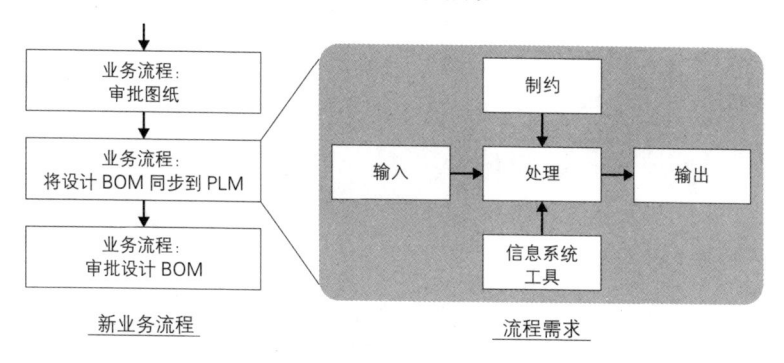

```
业务流程：
审批图纸
                        制约
业务流程：
将设计BOM同步到PLM    输入 → 处理 → 输出

业务流程：              信息系统
审批设计BOM              工具

新业务流程              流程需求
```

④提取新业务的实现课题

对比当前业务流程和新业务流程，评估流程需求的内容，

[①] IDEF：英文单词 Integration Definition 的缩写，意思是"集成定义"。它是一种在系统工程领域中，用于对功能、数据、网络等进行建模的定义方法。

199

掌握它们之间的差距。该差距是实现新业务所必需的课题和应对措施。如果实现新业务所需的问题和对策太多，可以视为实现该项目的风险较高。在这种情况下，有必要重新审视上述的第二个、第三个步骤。

⑤业务需求定义审查

整理流程①~④中总结的内容，由相关人员完成全部确认。

2 构思企划阶段的推进方式

解释说明构成构思企划阶段的六项任务。

• 构成构思企划阶段的六项任务和步骤

本小节将解释 BOM 重建的构思企划阶段的推进方法。图表 96 是构成构思企划阶段的六项任务和步骤。顺便说一下,这六项任务不仅用于 BOM 重建中。虽然任务的具体内容因项目的主题而异,但是在进行 PLM、ERP 等业务系统建设的构思企划时可以通用。

(1) 改革项目目的、目标的设定

如字面意思,指设定项目的目的和目标。目的是指为什么需要实施这个项目(Why),目标是指完成程度和时间(What 和 When)。此外,还需要设置范围(改革目标的组织、业务流程)。

顺便说一下,实现方法(How)是指在构思企划阶段制定的解决方案和项目计划,其将在未来的任务中具体化,所以在目的和目标中不做记录。

图表 96：构思企划阶段的推进方式

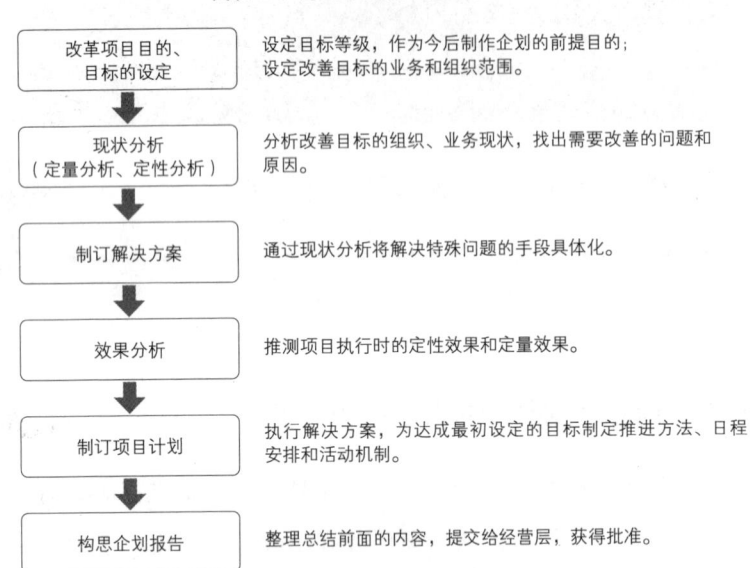

改革项目目的、目标的设定	设定目标等级，作为今后制作企划的前提目的；设定改善目标的业务和组织范围。
现状分析（定量分析、定性分析）	分析改善目标的组织、业务现状，找出需要改善的问题和原因。
制订解决方案	通过现状分析将解决特殊问题的手段具体化。
效果分析	推测项目执行时的定性效果和定量效果。
制订项目计划	执行解决方案，为达成最初设定的目标制定推进方法、日程安排和活动机制。
构思企划报告	整理总结前面的内容，提交给经营层，获得批准。

（2）现状分析（定量分析、定性分析）

首先，分析当前的业务流程，根据分析结果提取出看似有问题的事项（定性分析）。其次，通过定量分析，用数值大小来表示问题的严重程度（频率、损失成本等）。最后，将问题结构化，确定问题的真正原因。

（3）制定解决方案

为上一项任务中定义的问题（真正原因）制定解决方案。有些企业已经实施并验证了类似问题的解决方案，从外部获取此类信息效率更高。

第6章　BOM重建项目的设计

（4）效果分析

推算实施解决方案的预期效果（最好同时考虑定量效果和定性效果的影响）。定量效果是依据现状分析产生的定量分析结果（当前定量信息）进行推算的，而定性效果是预期的质的效果。

此外，对于未来产生的费用，从未来的预算规划和投资回报的角度来看，从企业的合作伙伴（顾问或开发承包商的候选人）那里获得估算和预算的报价对企业的帮助更大。

（5）制订项目计划

考虑实施解决方案的步骤，落实在计划表中。项目目标中规定了完成期限，为了在规定的期限内完成，需要制作一个专门记录工作任务、时间和必要资源的计划表。

BOM重建需要进行系统开发，所以从系统供应商处获取的建议更可靠。

（6）构思企划报告

总结上述要点并制作成构思企划报告，面向经营层进行演示、讲解，论述项目执行的意义。获得经营层的批准后，本阶段即告结束。

3 项目目的设定的要点

本小节考察项目目的设定的要点和示例。

在设定项目目的时，需要考虑以下几点内容。
- 清晰阐述必须实施该项目的理由、想解决的问题和行动，描述 Why（为什么）和 What（什么）。
- 以下示例记录了实施事项，但没有记录理由，需要改进。
  →通过导入 BOM 系统，提高开发业务的效率。
- 以下示例记录了理由和实施事项，可以参照。
  →创建日本国内、海外合作设计环境，以应对 ASEAN（东盟）基地日益增长的需求。

图表 97 是项目背景和目的的示例。图表的上半部分记录了两点内容，即该项目想要解决的问题和实施事项。图表的下半部分是一张表格，记录了导致这种情况发生的背景。

表格的上方详细说明了设计现场环境的变化：可用于设计的时间和预算在随着时间的推移而耗尽。表格的中间部分描述了经营层的期待：他们希望有效利用现有资源，即使损失利润，也要大幅增加销售额。表格的下半部分描述了设计经理迫切关

第 6 章　BOM 重建项目的设计

图表 97：项目背景和目的的示例

BOM重建项目的目的

- 为了应对近年来亚洲地区的需求构建设计和生产系统,能够确保在相同资源下实现1.5～2倍的销售额增长。
- 为了应对人员结构的老龄化,大幅削减依赖于人的业务,进行部门间的调整。

开发部门所处的环境变化	开发部门所处的环境发生了巨大变化。 以往,为了做好工作,花费时间和预算是理所当然的。 但是现在,开发部门需要维持品质、提高设计速度、进一步降低成本。
经营层的期待	订单数量在增加,但是利润在减少。 希望以现有的人员、设备、空间完成1.5～2倍的销售额增长。 在"品质""性能""价格""交货期"方面谋求差别化,提高客户服务质量。
设计现场的实际情况	依赖经验的设计业务,给特定人员带来了过多负担。 杂务缠身,本职工作时间不足,计划和进度的差距越来越大。 部门内部的沟通不足,管理者无法把握进展状况,部门之间的协调耗费了大量时间。

注的问题：组织管理和间接工作占据了大量时间，导致他们专注于设计工作的时间较少。

由于可以清楚地了解项目启动的背景，因此它被评价为一个优秀的示例。

205

4 项目目标设定的要点

设定项目目标时需要记录哪些项目?

目标是项目的具体达成程度(时间、定量值),记录的要素包括做什么(What)、做多少(How Many / How Much)、何时实现(When)等。也就是说,目标是项目最终要达到的里程碑(时期)和 KPI,能使目的更加具体。根据这些要素,可以描述以下目标示例:

- 截至 2019 年 3 月,在日本国内的所有基地使用新设计环境。设计人员减少 20%。
- 截至 2020 年 3 月,在日本国内及海外的所有基地使用新设计环境。全球设计人员减少 20%。

接下来,让我们一起验证两个示例,看它们的目标是否记录了相关要素。

● 示例 1

以重建的 BOM 为平台强化开发生产流程,通过提升 QCD 和

第 6 章　BOM 重建项目的设计

产品竞争力来提升客户满意度，并最终实现以下目标：

- 提升客户满意度。
- 改善和提升开发、设计技术。
- 截至 2020 年 3 月，在日本国内和海外集团内部完成包含客户、销售、制造、行业人员在内的一体化体系建设和用户教育。
- 提高生产技术，实现从订单到出货周期缩短 30%、成本降低 30%、市场投诉量减少 50% 的目标。

〈考察〉

- What（做什么）：○
- How Many／How Much（做多少）：○
- When（何时实现）：○
- 目标数值的依据较少，带点儿口号性质，但指出了目标的要素。

- 示例 2

- 设计的过程周期缩短 50%：
  → 加强产品开发和系统应对能力；
  → 提高设计品质。
- 提高预测信息的准确性：
  → 缩短制造的过程周期（实现零短缺生产）；
  → 降低材料和人工成本。

〈考察〉

- What（做什么）：○
- How Many / How Much（做多少）：△
- When（何时实现）：×
- 定量目标仅限于第一条；第二条是定性目标。
- 未记录何时实现（实际上该项目的紧急程度很高，默认已被共享）。

你该如何进行考察呢？你在自己的企划案中记录的目标是什么呢？我的建议是：可以回顾以往记录的项目目标。

5 现状分析的要点（定性分析）

举例说明现状分析（定性分析）的要点。

现状分析分为定性分析和定量分析。本小节将介绍定性分析。定性分析的英文是 Qualitative Analysis，这是一种通过掌握流程质量进行事物评价的分析方法。定性分析的目的，是将当前业务流程中出现的问题系统化，进而锁定问题发生的真正原因。

• 定性分析的步骤

定性分析的步骤如下：

（1）选择受访者

从组织、业务范围中选择目标部门和目标人选。目标人员最好是熟悉组织业务的人员。选拔出管理人员和从业人员。与经营层面谈，了解企业的经营方针和业务问题。

（2）调整访谈日程

选择以下访谈方式并调整日程。

- 现场创建当前业务流程并针对问题点征询意见。虽然征询一个部门的意见需要很长时间，但创建的当前业务流程可以用于定义之后的新业务流程。
- 一边参照 ISO 等规定的当前业务流程和业务手册，一边征询意见。征询一个部门的预留时间约为两小时。受访者较多或希望大致掌握整个组织的问题时，推荐使用该方法。

(3) 进行正式访谈

按照日程表进行访谈工作，从目标对象的陈述中提取有问题的内容，将其整理成文本信息。该阶段最好记录原始数据（实际发言的内容）。

(4) 整理疑似问题

整理存在的问题，将相似的事项整合在一起，转换成问题描述的格式，重新定义问题点。此外，还要将这些内容做成树形结构并对关联问题进行分组。

(5) 创建问题分析图

图表 98 是 BOM 重建的问题分析图。将结果类问题排序在左侧，原因类问题排序在右侧，整理相似问题之间的因果关系，以便更容易理解问题结构。同时，要对因果问题进行分组，锁定整个组织的问题的真正原因。

从该分析中，我们可以得出问题的真正原因有以下三点：

①通过纸质、人传递信息造成的时间滞后和传递错误；

②使用以往的设计资产的开发环境尚未成熟，导致设计工

第 6 章　BOM 重建项目的设计

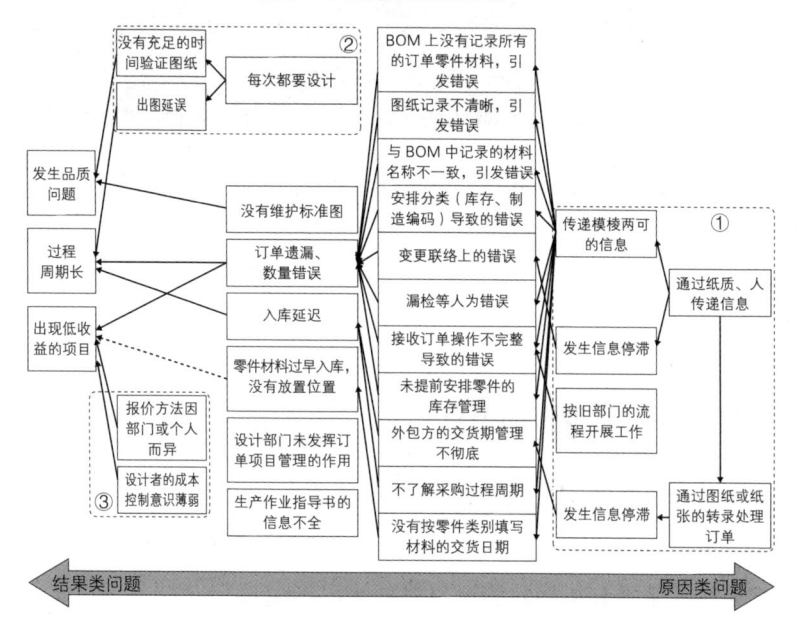

图表 98：问题分析图的示例

结果类问题		原因类问题
发生品质问题 过程周期长 出现低收益的项目	没有充足的时间验证图纸　② 出图延误 每次都要设计 没有维护标准图 订单遗漏、数量错误 入库延误 零件材料过早入库，没有放置位置 报价方法因部门或个人而异 设计者的成本控制意识薄弱　③ 设计部门未发挥订单项目管理的作用 生产作业指导书的信息不全	BOM 上没有记录所有的订单零件材料，引发错误 图纸记录不清晰，引发错误 与 BOM 中记录的材料名称不一致，引发错误 安排分类（库存、制造编码）导致的错误 变更联络上的错误 漏检等人为错误 接收订单操作不完整导致的错误 未提前安排零件的库存管理 外包方的交货期管理不彻底 不了解采购过程周期 没有按零件类别填写材料的交货日期	传递模棱两可的信息 发生信息停滞 发生信息停滞	通过纸质、人传递信息　① 按旧部门的流程开展工作 通过图纸或纸张的转录处理订单

时增加、出图和发货时间延迟。

③由于估算流程的标准化、没有充分利用数据库，导致项目的估算准确度降低、收益差。

211

6 现状分析的要点（定量分析）

举例说明现状分析（定量分析）的要点。

● 定量分析的步骤和要点

本小节将介绍定量分析的步骤和要点。定量分析的英文是 Quantitative Analysis，这是一种对流程和问题进行量化考虑的分析方法。定量分析的目的可以概括为以下两点。

・确定问题的大小

在访谈工作中，可以从发言中提取定性的问题事件。但是，仅凭这些信息将无法掌握问题出现的频率以及问题造成的具体损失的大小。定量分析可以收集业务流程中产生的数值信息，评估问题的规模，进而缩小项目中重点应对的问题范围。

・衡量量化效果预测的起点

通过量化由问题造成的损失，可以用数据说明实施对策产生的效果。例如，我们通过定量分析得出：由于设计审查环节有问题遗漏，每年造成了 1000 万日元的损失。也就是说，通过加强设计审查能够减少 50% 的损失，能够推测该效果为每年可以节省 500 万日元。

定量分析可以针对多种定量指标。例如，按业务分类产生的工时（换算为工作成本）、因上述缺陷造成的年度损失金额、客户投诉次数、设计变更次数、库存量和周转率、滞销产品的数量等。

接下来，举一个定量分析的示例。该示例的目的是通过提高业务效率削减工时，说明按业务类别对业务工时进行调查和分析的步骤及其要点。

（1）整合调查的目的和目标

调查的目的是量化目前按业务类别分类的工时时长，以提高业务效率。调查目标是在设计、生产技术、采购、生产管理和制造的年份中产生的业务工时（成本）。

（2）确认是否有相匹配的现有数据

一些定量信息可能已被收集用于其他目的。每个业务类别的工时通常由绩效收集系统占用，因此如果有相匹配的数据一定要灵活运用。当然，如果业务类别与想从项目中了解的业务类别不同，则有必要收集新信息。

（3）制订符合目的和目标的调查计划

分配调查委托、收集反馈、分析、报告的大致预计期限和每项任务的负责人，总结成调查计划并与相关人员整合信息。

（4）进行新调查时，制作调查问卷

如果没有符合条件的现有数据，就要制作调查问卷，做好收集信息的准备。如图表 99 所示，该调查问卷示例表示的是每个人的业务分类和业务比例的实际情况（为了便于理解调查后的状态，该图表中已输入数值）。

图表 99：调查问卷的示例（业务比例问卷调查）

业务比例调查问卷
请填写去年平均一年的业务比例
部门＿＿＿＿＿＿＿＿＿＿　姓名＿＿＿＿＿＿

业务分类	业务比例（%）
CAD、图纸作业	20
设计、设计讨论	10
信息理解	5
制作文件	5
试验、评价	20
邮件等联系、汇报	10
搜索资料	5
出图	5
讨论、会议	10
事务处理	5
转录工作	0
其他	5
合计	100

（5）确定调查问卷的发放范围和回收（提交）期限

与被调查部门的代表协商，在调查问卷的发放范围（部门代表或部门全员）、答复日期和回收计划表的内容方面达成一致意见。

此外，收集问卷回复的方式有很多，如纸质调查问卷、通过电子邮件发送 Excel 文件、利用问卷 WEB 系统等方法。建议依据成本和发放人数确定收集方法。

（6）汇总并分析问卷收集的结果

可以按业务分类、部门、职务等多角度地分析收集到的信息，并且根据不同的部门、职务的倾向等得出结论。借助基准数据，能够找出本企业的优势和劣势。

图表100是定量分析结果的示例。图表的左侧为分析目标企业业务占比的汇总结果，图表的右侧为利用调查公司收集的同行业的基准平均值。根据这个结果，可以看出目标企业的特征如下：

- 实施CAD/CAE的时间占比高于同行业平均水平（每次都要设计的情况较多，技术信息资产利用率低）。
- 绘图工作的比例高（没有充分利用电子工作流程和BOM）。
- 试验、评价的比例低（试验、评价的时间不充足）。
- 召开会议的比例低（会议的时间不足，部门之间协调得不够充分）。

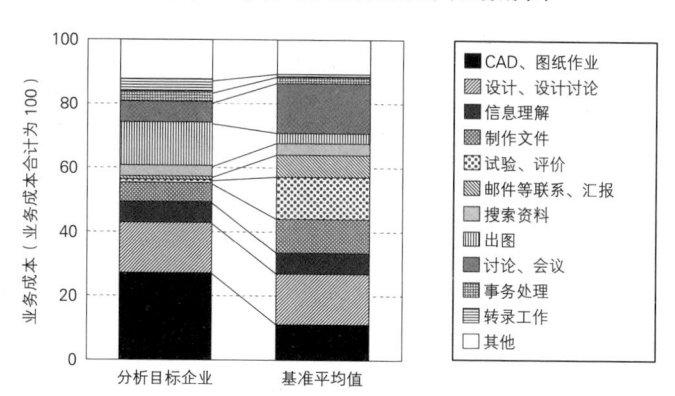

图表100：定量分析结果的示例（业务成本）

栏　目

建导技巧

建导是指在会议和项目中，促进参与者之间达成共识。

项目会议通常不是一次性的会议，需要重复多次才能得出最终结论。而如果每场会议都不能达成共识，就无法在预定时间内达成最终目标。因此，必须保证每场会议都能按时进行，并在每个时间段内达成共识、输出会议结果。

接下来，我将阐述建导技巧的要点，以保障会议顺利进行。

○每场会议开场前，表明自己在项目整体中的定位

每场会议都要有意识地提醒自己，不要在项目的目的和最终目标上走错路。即便一切看似顺理成章，随着内容的复杂化，我们也很容易迷失大方向和最终目标。而且，会议上的讨论也容易走岔路，因此即便消耗一些会议的时间也要做这件事。

○表明今日议程（议题）和时间分配

对当天讨论的内容要有一个大致的了解，以便全员的注意力可以放在目标和论点上，让时间的分配和讨论的深入程度保持一致。如果没有达成一致，则很可能在多个议题中的某一个议题上花费大量时间，最终导致没有一个议题可以完成。这一步的目的，正是避免此类情况的发生。

○在确认时间的同时执行每个议程

在讨论和提问的过程中，讨论过于激烈可能会引发分歧和

第6章 BOM重建项目的设计

混乱。会议主持要在议题偏离时指出原来的观点并纠正"脱轨"问题，让讨论重新回到正题上。此外，如果需要更多时间，会议主持要自行判断是否要指定相关人员单独举行会议。

如果提问太少，会议主持要找出犹豫发言的参会者，点名让其发言。同时，会议主持不仅要关注发言声音大的人，还要顾及其他的参会者。建导中很重要的一点，就是鼓励全员发言。

〇在决定事项和行动项目中确认全员意向

经常听到有人说"决定事项尚不明确""没有得到全员的同意"。为了避免出现这种情况，必须明确决定事项。

在会议的最后，会议主持应在屏幕上投影一份文件，其中包括所做的决定事项和下一次会议的行动项目。然后，会议主持要向全员确认是否同意并示意会议结束。

当日的行动项目由会议主持和发起人一起负责，并一直跟进到下一次会议。这些活动事关下一次会议能否顺利进行。

以上内容是会议主持应该掌握的建导技能的要点。其不仅是单次会议时间内的推进技巧，还能在决定事项、下一次会议的行动项目通知以及后续跟进方面发挥作用。

7 解决方案制定的要点

制定解决方案时使用的"最佳实践"的要点是什么?

● 使用最佳实践的好处

如果通过现状分析可以确定问题的真正原因,那么就能针对该原因制定解决方案。进行现状分析时需要注意以下问题。

企业内部产生的问题其实在其他企业中也同样存在,大多数不是解决完了就是处于解决当中。因此,与其从头开始构思解决方案,不如从系统供应商和咨询公司那里获取经过验证的"最佳实践(高级案例)"。这样做可以缩短构思时间,导入的成功概率也很高。

为了更好地理解"最佳实践",可以参考图表 101 所示的以设计 BOM 为中心的技术信息综合管理的理念的示例。

(1) 与设计 BOM 相关的技术资料

要综合管理技术信息(3D 模型和图纸、物料清单、实验结果、报价单、DR 实施结果、环境信息、成本信息等)。根据这

第 6 章　BOM 重建项目的设计

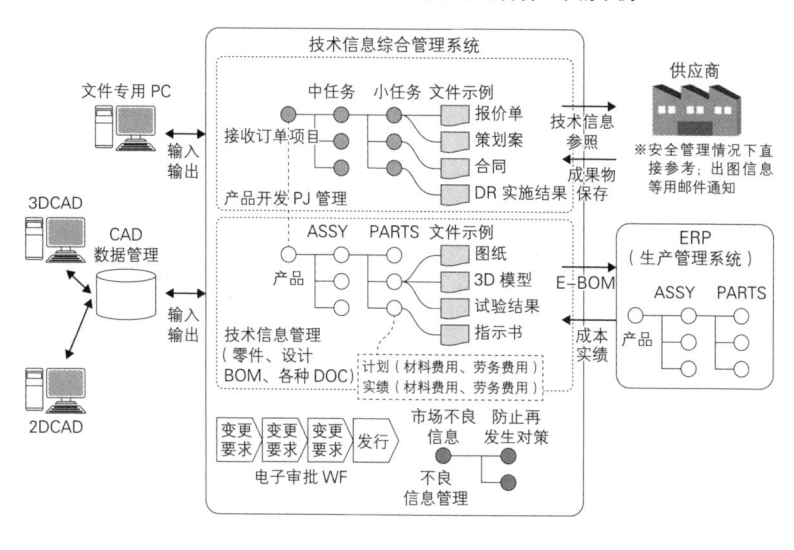

图表 101：最佳实践（技术信息综合管理）的示例

些信息，能够更准确地获取由多个部门创建的与零件相关的文档，比以往用时更短。

（2）开发上游文件的管理

产品开发项目和订单项目的输出也需要进行综合管理。通过综合管理，能够按部门分类共享信息，如销售部门管理的企划案等。敏感信息需要设置访问权限。

（3）市场不良信息和防止再次发生对策的管理

不仅要综合管理技术信息，还要管理市场不良信息和防止再发生对策的信息。质量保障部门要管理市场不良信息，而技术部门要制定和管理防止再发生对策。综合管理不良信息是防止再发生对策的背景信息，两者之间能够进行关联参考，目标是努力防止同样的市场问题再次发生。

(4) 电子化流程的信息传递

充分利用电子化流程，减少信息发送和审批的周期。此外，包括海外基地在内的跨部门审批流程无法依赖纸张和人力进行信息传达，电子化流程可以实现停滞状态的直观化。

(5) 促进技术信息的再利用

之所以无法促进技术信息的再利用，是因为以往的技术信息通常是按照部门或个人进行保管的，传输和公开相关的操作流程不够规范。因此，企业要规范技术信息的管理制度，实现文档名称、存储位置、访问权限和文档模板的标准化。

(6) 设计 BOM 与生产 BOM 的协作

以电子方式实现设计 BOM 与 ERP 的生产 BOM 的协同作业，可以缩短图纸和设计变更的过程周期。此外，最新的预算价格和实际成本也能从 ERP 的生产 BOM 反馈到设计 BOM 中。开发部门和报价部门可以使用这些信息开展报价工作和成本计划工作。

第 6 章　BOM 重建项目的设计

8

效果分析的要点

解说定性效果、定量效果的分析方法及其要点。

● **定性效果**

定性效果的要点总结如下：
- 定性效果是指和用户验证解决方案或改革理念时，不仅要听取用户提出的问题，还要听取他们评价出的优点和赞成意见，从中提取结果。
- 例如，间接产生的销售额、品牌价值的提升、客户满意度的提高等数据很难量化。因此，当以上因素有望取得实质性的成果时，要按定性效果进行分析。

图表 102 是第 4 章中介绍的利用模块化设计导入的改革理念（参考图表 66）进行用户评论（验证）的结果。我决定从"赞成意见和效果""消极意见和疑虑""论点和决策事项"三个角度整理用户评论的结果。顺便说一下，这种图叫作"论点攻防图"。详细内容将在"解说⑨ 论点攻防图的制作步骤和使用要点"中进行介绍。

图表102：解决对策的验证（实现新流程的效果和课题）

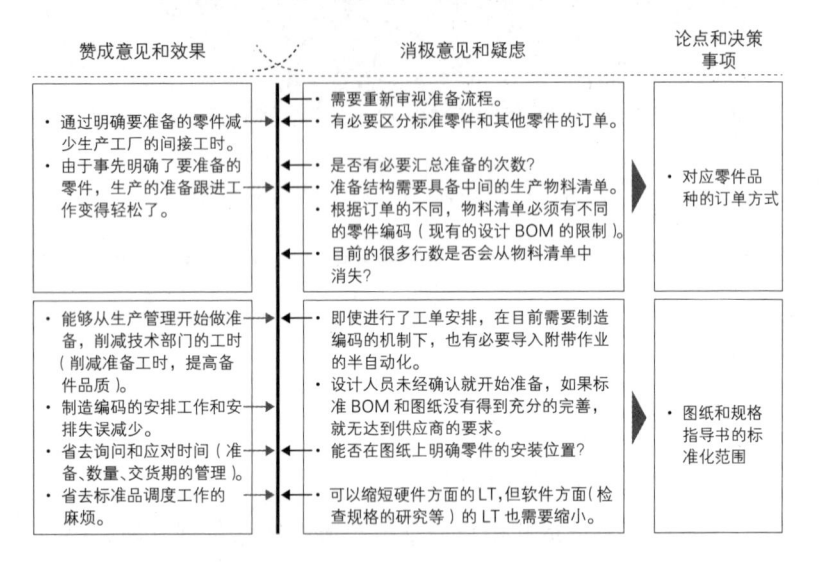

赞成意见和效果	消极意见和疑虑	论点和决策事项
· 通过明确要准备的零件减少生产工厂的间接工时。 · 由于事先明确了要准备的零件，生产的准备跟进工作变得轻松了。	· 需要重新审视准备流程。 · 有必要区分标准零件和其他零件的订单。 · 是否有必要汇总准备的次数？ · 准备结构需要具备中间的生产物料清单。 · 根据订单的不同，物料清单必须有不同的零件编码（现有的设计BOM的限制）。 · 目前的很多行数是否会从物料清单中消失？	· 对应零件品种的订单方式
· 能够从生产管理开始做准备，削减技术部门的工时（削减准备工时，提高备件品质）。 · 制造编码的安排工作和安排失误减少。 · 省去询问和应对时间（准备、数量、交货期的管理）。 · 省去标准品调度工作的麻烦。	· 即使进行了工单安排，在目前需要制造编码的机制下，也有必要导入附带作业的半自动化。 · 设计人员未经确认就开始准备，如果标准BOM和图纸没有得到充分的完善，就达不到供应商的要求。 · 能否在图纸上明确零件的安装位置？ · 可以缩短硬件方面的LT，但软件方面（检查规格的研究等）LT也需要缩小。	· 图纸和规格指导书的标准化范围

定性效果是从该图中的"赞成意见和效果"中提取的。有时会在此发现企划团队最初没有设想到的用户视角，带来意外效果。

• 定量效果

定量效果的分析要点如下：

· 按定量效果处理的指标有业务工时、材料成本、存货周转率、设计变更件数、缺货件数、投诉次数、损失成本、出货延误次数等，流程品质能够数值化（量化）。

· 间接指标（如销售增长等）很难预估，因此在实际中很

第6章 BOM重建项目的设计

少使用定量效果进行评价。
- 使用现状分析（定量分析）中收集到的数值数据，推测改善效果。
- 提升率由作为用户代表的工作组自行估算，以使估算值更具说服力（企划团队、推进事务局信息系统部门不做预估）。
- 尽可能对流程进行细分和评估，以提高预估的精准度（参照步骤1）。
- 如果预测可以通过提升业务运营效率减少员工人数，那么可以将其纳入下一年度的组织人员规划中，争取业务领导的认可。

预估定量效果的步骤如下：

步骤1：按业务分类预估改善效率（工时削减率）

假设某企业要通过引入电子工作流程来改善"绘图工作"，预估定量效果。在这种情况下，首先，要将"绘图工作"按图表103那样细分为子业务。因为细分之后能够提高数值的精确度，更易于预估。其次，要收集子业务当前的平均工时信息，填入图表103所示的"A现状比例"一栏中。

在此阶段，从改善措施的内容来看，通过自动化"绘图"将工时减少为零的步骤被放在了③~⑥。此外，①的步骤因电子化效果而减半。这样一来，B列表表示的改善后的业务比例合计就是45%。我们可以从当前A列表的业务比例合计为100%的结果中推测出，通过导入电子化流程，"绘图"的工时削减率变

图表103：出图流程的定量分析结果和期待效果

子业务	负责人	A 现状比例（%）	B 改善后的比例（%）	改善效果 A−B（%）
①委托绘图	设计者	10	5	5
②检查图纸	设计经理	40	40	0
③在图纸上盖批准章	设计经理	5	0	5
④已获得审批的图纸按需求数量进行复印	图纸管理	10	0	10
⑤将复印出来的图纸分发给各部门	图纸管理	5	0	5
⑥将收到的图纸保存在本部门的文件柜里	接收部门	30	0	30

为55%。当然，这里有一点值得注意，那就是它的效果会因措施的不同而不同。

该步骤同样适用于其他业务流程，可完成图表104。

步骤2：按业务分类输入有效步骤

假设本次BOM重建项目分两步执行，步骤1为设计BOM的导入工作，步骤2为生产BOM的导入工作。由此，与设计BOM相关的业务分类能够在步骤1中获得效果，与生产BOM相关的业务分类能够在步骤2中获得效果。

然后，需要在每个步骤的措施中决定能够改善的业务流程。例如，图表104中的"CAD、制图"和"出图"与设计BOM相关，所以可以在步骤1中获得效果；采购的"安排"和生产技术的"制作工序计划作业"与生产BOM相关，所以可以在步骤2中获得效果。

第6章 BOM 重建项目的设计

图表 104：定量效果分析的结果

小组	业务流程	步骤	评价
开发	CAD、制图	1	通过挪用设计，可削减 30%。
开发	制作准备手册	1	通过自动化处理，可削减 20%。
开发	出图	1	通过图纸管理的自动出图，可削减 55%。
开发	制作文件、产品规格书	1	通过挪用设计，可削减 30%。
开发	检索资料和类似项目	1	通过提高检索效率，可削减 20%。
开发	其他（报价）	2	通过使用 BOM 成本管理功能，可削减 50%。
技术管理	出图	1	通过图纸管理的自动出图，可削减 55%。
技术管理	信息收集	1	通过提高检索效率，可削减 50%。
采购	安排	2	通过提高采购 BOM 的准备业务效率，可削减 50%。
成本企划	成本整合作业	2	通过使用 BOM 成本整合功能，可削减 50%。
生产技术	制作工序计划作业	2	通过使用生产 BOM 制作半自动化功能，可削减 20%。
制造	收集零件	2	根据生产 BOM 的各工序物料清单，将拣货业务外包，可削减 30%。
采购	读取图纸和 BOM	2	通过采购 BOM 自动录入，可削减 100%。
采购	处理订单（登录 ERP 系统）	2	通过使用采购 BOM 自动接收订单，可削减 30%。
采购	搜索资料	2	通过提高检索能力，可削减 30%。

在图表 104 的步骤栏中追加填入该结果，即可完成效果分析结果。

步骤 3：将业务成本的趋势图表化

如图表 105 所示，根据定量效果分析的结果，图表中展示了每个步骤中按业务类别分类的运营成本减少的趋势情况（为便于书面记录，每项采取了指数化，但在实际项目中，用金额或工时表示更容易理解）。

图表 105：定量效果分析的示例

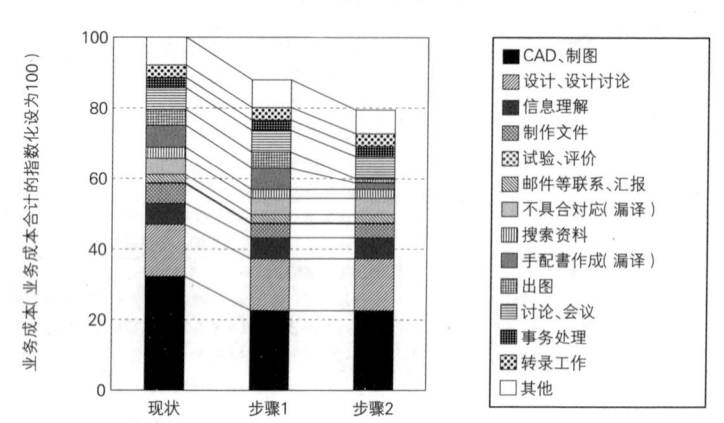

解说⑨

论点攻防图的制作步骤和使用要点

论点攻防图是一个工具，又称"力场分析图"，用于在会议中针对某个主题整理错综复杂的论点，指定决议事项和实现主题的课题。它还是一种实用且利用价值较高的工具，可用于提取本章介绍的定性效果、指定课题的解决方案。

接下来，让我们一起确认论点攻防图的制作步骤和使用要点。

①创建工作表并准备研讨会

图表106是用于制作论点攻防图的工作表。研讨会的参与者收到改革主题的说明后，要从自己部门的角度出发，对实施的改革主题发表赞成意见、否定意见和担忧事项，并记录在表格中。

因此，研讨会只需按照改革主题的数量制作该工作表，并且按研讨会的参加人数打印资料。

和部门代表协商后，要指派适合参加、讨论改革主题的人选。此外，要调整好日程表，确保每个人都能按时参加当天召开的研讨会。

②研讨会的实施

研讨会通常举办1天或2天，按图表107的步骤进行。

和头脑风暴一样，研讨会不主张否定他人的意见。但是在

图表106：改革主题的讨论工作表

赞成意见	否定意见、担忧事项

改革主题：①通过模块化改变准备方式
部门名称：＿＿＿＿＿＿＿＿＿　姓名：＿＿＿＿＿＿＿＿＿

图表107：论点攻防研讨会的推进方法

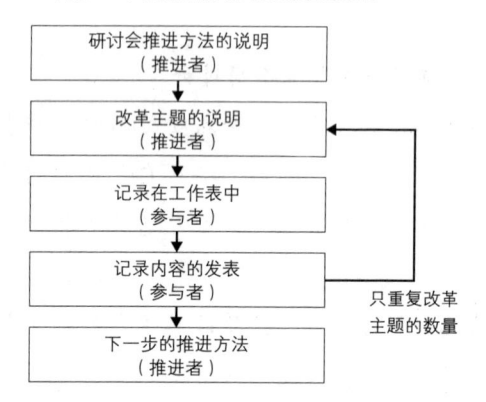

研讨会推进方法的说明（推进者）
↓
改革主题的说明（推进者）
↓
记录在工作表中（参与者）
↓
记录内容的发表（参与者）
↓
下一步的推进方法（推进者）

只重复改革主题的数量

研讨会的规则中有一点十分重要，那就是要以均衡的方式提取赞成意见和否定意见。

③整理论点

整理参与者填写的工作表内容并引出论点。论点，是应该讨论的要点，也是决定项目方向的事项。如果所有的解决方案

第6章 BOM重建项目的设计

和最佳实践都得到了改善,那么直接实施解决方案即可。但是,在实际的项目中往往无法做到全部改善,出现折中方案的情况较多。

例如,考虑将产品模块化(标准化)以降低订单设计工时的改革主题。虽然标准化可以减少设计工时,但当出现定制设计的订单时限制会增多,或将无法满足客户的要求。这种情况就需要有折中方案。其中,标准化范围是论点,是需要作出决策的事项。请再次确认图表102的示例。

参考文献:龙屋邦夫(2000)《选择和集中的决议》,东洋经济新报社

9 项目计划立项的要点

在项目计划中探讨任务顺序、日程安排和活动制度。

    项目计划也称"产品路线图"。在需求定义阶段之后，开发承包商会根据项目类型参与进来，对系统进行扩展。因此，项目计划立项是构思企划阶段的最终任务，有必要讨论并确定需求定义阶段和系统构建阶段的日程安排和活动制度。其要点如下：

● 日程安排

    进度表可以参考开发承包商提出的意见来创建。根据自家公司的战略设定一个合理的期限很重要，但是就系统开发任务而言，应该从开发承包商（公司内部的信息系统部门、信息系统子公司、外部系统供应商）那里获得建议，并输入到项目规划方案中。

    在尚未定义需求时，很难获取准确度较高的进度表。此时可以给开发承包商展示迄今为止创建的资料（项目目的、现状

第 6 章 BOM 重建项目的设计

分析、解决方案），以期获取基于案例的参考进度表。

根据自家公司的情况强制缩短过程周期，或将难以确保足够的需求讨论和测试等的时间，后续工序可能存在风险。一般来说，在构思企划阶段尚未确定开发承包商的情况较多，但也不能忽视专家的建议，要亲自寻找可以协商的合作伙伴，积极进行信息交换，这一点非常重要。

图表 108 是项目进度表（大型进度表）的示例。该示例中，项目组执行的决策要点如下：

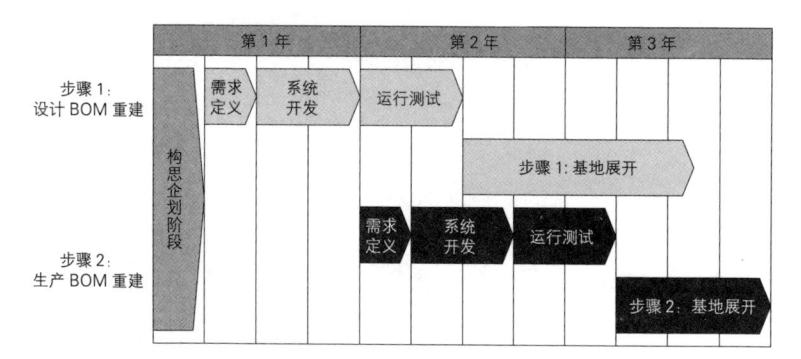

图表 108：项目进度表（大型进度表）的示例

	第 1 年	第 2 年	第 3 年
步骤 1：设计 BOM 重建	需求定义　系统开发　运行测试	步骤 1：基地展开	
步骤 2：生产 BOM 重建	构思企划阶段	需求定义　系统开发　运行测试	步骤 2：基地展开

- 项目大致分为两个步骤：设计 BOM 重建和生产 BOM 重建。
- 构思企划最初只实施一次，按照步骤重复"需求定义—系统开发—运行测试—基地展开"的流程。

- **活动制度**

活动制度最终决定（制约）能够执行的业务改革的速度和范围，因此需要根据项目的目的和改革的范围，让经营层、业务经理和部门经理共同参与进来。不建立适当的活动制度，就无法实现项目的目的。

此外，如果需要开发承包商的参与，可在制度中追加。

活动制度的要点将在终章"法则 4　创建加速决策的执行机制"一节中详细说明，请参阅。

10 构思企划的报告形式

构思企划报告和开发承包商选择的要点是什么？

能够完成以上任务，构思企划书的总结就不难，只需要从前面的讨论结果中抓取重点，重新整理好提交给经营层。构思企划书的目录如图表 109 所示。当然，解决方案和主题因项目而异。

以下内容应当归入构思企划报告中的必要事项。

- 将需要该项目的原因、项目的完成度和时间记录到项目的目的和目标中，有成就感；
- 客观分析现状，找出了目标组织中出现问题的真正原因；
- 对问题进行量化，重点关注了发生频率高、损失大的问题；
- 提出解决问题的真正原因的方案，制定了可实现的课题和对策；
- 客观推断效果，投资回收前景较好；
- 项目的问题和风险清晰明确，且有据可查；
- 未来计划的日程安排、预算和制度都可预见。

图表 109：构思企划书的目录

```
BOM重建构思企划书
• 项目的目的、目标
• 现状分析结果
    • 定性分析
    • 定量分析
• 解决方案
    • 主题 1：通：过使用 BOM 提高信息传递的效率
    • 主题 2：提高技术资产的再利用效率
    • 主题 3：报价和成本策划流程的标准化
• 期待效果
    • 定性效果
    • 定量效果
• 项目课题与风险一览
• 投资回收计划
• 需求定义阶段和系统开发阶段的计划
```

需求定义阶段之后，想要获得开发承包商的支持需要进行选择。选择时一定会用到的文件叫作 RFP（需求建议书）。毫无疑问，开发承包商的选择会对项目的成败产生重大影响。因此可以说，创建用于选择的 RFP 是项目的关键任务。

虽然不一定非要在构思企划的完成阶段创建 RFP，但是当需要选择咨询公司（或开发承包商）并估算成本时，一定要具备创建 RFP 的技能。RFP 的制作方法将在"解说⑩ 制作 RFP（需求建议书）的要点"中进行补充说明，请参阅。

此外，跨组织项目经常会在达成共识和决策上花费很多时间。由于参与项目的人很多，因此在分析现状和通过解决方案等任务中花费时间也是可以理解的。

第6章 BOM重建项目的设计

在与开发承包商签订合同时,不仅要考虑该企业在行业中的成就和声誉,还要考虑个人的性格和经验,如项目组组长和领导能否在一起耐心讨论,直到达成一致意见为止。

解说⑩

制作RFP(需求建议书)的要点

合作伙伴的选择对于项目推进非常重要,因为它直接关系到项目的方向和成败。选择合作伙伴时,制作 RFP(需求建议书)是必不可少的。本小节将就 RFP 的制作要点和目录示例进行解说。

首先,要在查看 RFP 目录示例的同时进行确认(图表110)。RFP 由两部分组成。

图表 110:用于选择 BOM 重建合作伙伴的 RFP 目录示例

- BOM重建项目的概要
  - BOM重建的背景
  - BOM重建后的新业务形态(问题和解决的要点)
  - 业务需求、系统功能需求
  - 今后的日程安排
    - RFP说明会
    - 策划案的提交日期
    - 演示时间的期限
    - 确定供应商
    - 开始开发
- 策划案的委托事项
  - 策划案中的记载事项
    - 策划的主要内容(基本方针、思路)
    - 提案内容
      - 针对业务需求、系统功能需求的解决方案
      - 针对业务要求、系统功能要求的开发时间和工时
      - 系统结构
      - 其他
    - 价格
      - 报价的前提条件
      - 报价价格
    - 制度
      - 人员构成、作用
      - 项目组组长的履历、项目案例

第6章 BOM 重建项目的设计

第一部分是 BOM 重建项目的概要。它是该公司意图的总结，对回答 RFP 的提案者而言就是论据。该部分通常记录了项目的目的、企业想要解决的问题和业务需求等。构思企划的解决方案和主题内容（参考图表 109）可保持原样记录下来。同时，其中还提供了策划案、演示日程表、决定接收或拒绝的日程、问题窗口等相关信息。

第二部分是策划案的委托事项。它是 RFP 的主要部分，提案者会就策划案的委托事项进行回复并汇总成提案书，履行提案的义务。

制作 RFP 时应当考虑以下要点。

在企业内部决定在项目中实现的目标和战略，向系统供应商咨询实现的方法。其中有一点非常重要，那就是在 RFP 中明确记录项目的实现目标（What）和期限（When），以便系统供应商提出实现它的最佳方法（How）和效果。如果目标不清晰，提案就会变得模糊，难以在实际评估提案时进行对比。

由于向多个供应商提交 RFP 十分常见，所以企业要提前讨论评估标准，以便在获得提案后可以进行客观评估。如果没有确定评估标准，获得提案后就会犹豫不决，浪费时间，错过系统供应商的优秀人力资源。

评估标准的示例可参考图表 111。

图表 111：针对 RFP 回复的评估项目示例

评估项目	说明
业务课题的理解程度	是否正确理解了本公司的现状业务和课题？
导入类似行业的实际业绩	是否有导入类似行业或设备产业的实际业绩？
解决方案的呈现度	是否针对导致本公司业务出现问题的真正原因提出了解决对策？
软件包功能	配有的软件包功能多样化，是否按照充分利用标准功能的要求提出建议？
项目经理的执行力和经验	供应商方面的项目经理是否具备足够的改革执行力和经验？
支持制度	系统导入并开始运行后，供应商方面的支持制度是否充分？

终 章

企业成功改革制造流程的七大通用法则

本章要点

最后一章从广义上定义 BOM 重建，将其解释为制造流程改革，具体阐述了成功改革制造流程的法则。

很多企业正在实践制造流程的改革。其中，有的企业改革成功并取得了成效，有的企业却半途而废，未能实现最初的目标。

由此，我分析近 10 年来参与过的 80 余个改革制造流程项目的成功因素，发现了企业成功改革制造流程的七大通用法则。整理后我发现，它们均涉及企划和执行管理（尤其是人员管理）。

那么，成功的制造流程改革是指什么样的状态呢？投资项目中存在 ROI（投资回报率）的概念。它是一种以系统构建和公司内部人员的投入成本为分母，评估量化回报率的指标。"评估 ROI 的结果，确定能在几年内收回投资成本"，这是成功的一种定义。

即使没有 ROI，只要实现了最初规划时定义的成功标准和目标值，也可以算是成功。此外，建立起支援全新业务和系统的新业务流程，实现公司全员的顺畅使用（虽然是主观判断），提高了业务效率，这种情况也属于改革成功。

接下来，我将详细论述企业成功改革制造流程的通用法则。

终章 企业成功改革制造流程的七大通用法则

1 法则1 有明确的改革理念

改革理念是什么？如何明确？

• 真正应该解决的课题是什么？

第一条法则是"有明确的改革理念"。改革理念是指象征性地表示未来实施的改革内容。那么，具体应该如何明确改革理念呢？成功企业的改革理念通常包含以下要素：

· 向实践改革的企业、业务相关人员提供了有商业价值的信息。
· 向该企业提出了新的业务方式和工作方式。

为方便理解，请参阅图表112中的示例。这是一个制造行业的生产模型示例，供应商工厂生产的零件运输到建筑工地，然后在工地施工，完成产品。

由于该公司的施工工序在日本的偏远地区进行，总公司无法直接看到工序进度，所以存在无法向建筑工地及时供应所需零件的问题。

该示例中介绍的改革理念的要点是：施工现场的工序监管

图表112：改革理念的示例

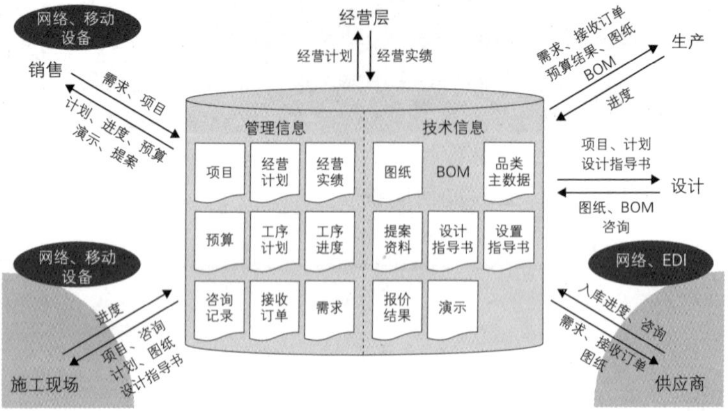

人员在手机运营的程序中输入工序进度后，系统可根据工序计划和物料清单自动下达"准备下一步工序所需的零件"的指令。

总公司的零件订货交货计划是根据日本各地施工现场发送的施工进度信息制订的，其可以根据该计划将订货信息发送给供应商。通过这种机制，必要的零件能够及时送到施工现场。只有及时交付零件，才能确保施工现场不会到处堆积零件。

此外，总公司的管理端还能集中管理日本全国范围内的施工进度，快速发现现场出现的问题并采取应对措施。当然，这样做也可能是为了"发挥企业经营管理的效果"，如在全公司范围内减少库存、通过集中订货降低成本等。

图表113解释了这种改革理念对示例企业而言具有创新性的理由。如今，利用手机，尤其是智能手机等改革工作方式的做法早已司空见惯。而提出这种改革理念时，手机刚开始普及。利用IT技术几乎可以实时确认偏远地区的业务情况，对当时而

言，这是一个具有划时代意义的工作方式和商业模式。

图表 113：改革理念对示例企业而言具有创新性的理由

制造流程改革的目的	对示例企业而言具有创新性的理由
缩短过程周期	IT 能做的事，全部由 IT 处理（不通过人手）
减少库存	实现业务标准化、IT 化
提高业务效率	明确对施工现场的工序监督者、供应商的好处，建立双赢关系
	销售、设计、施工、经销商、供应商、客户、经营者——所有 SCM（供应链）相关人员共享实时信息

依照成功企业的改革理念要素分析该示例，可以总结出以下两点：

- 不仅是企业在实践改革方案，建筑工程、物流和零件制造供应商等合作公司都在进行改革。
- 这是一个新业务方式的建议：远离现场的总公司可以利用 IT 技术同步观察施工现场，从而提高业务效率。

制定明确的改革理念非常重要。同时，这也是项目团队遇到的第一个障碍。明确改革理念需要从现状分析中找出问题的根源，找出企业真正需要解决的问题。

那么，构思好的改革理念能够为参与企业活动的相关人员带来哪些好处？是否需要对引入的新举措进行毫不妥协的讨论？

制定明确的改革理念是企业成功实现制造流程改革的第一条通用法则。

法则 2　找出解决本质问题的方法

理解表面问题和本质问题之间的区别以及解决它们的方法。

● **表面问题和本质问题**

获得制造流程改革成功的企业善于解决本质问题。哪怕要花费时间，这些企业也会在构思企划阶段落实以下步骤：

①分析业务流程的现状并提取存在疑惑的问题。

②将提取的问题按"结果类问题"和"原因类问题"进行分层和关联，制作问题结构图。

③从问题结构图中锁定本企业中的本质问题（可能存在多个问题）。

④针对已锁定的本质问题提出直接的解决方案。

问题结构图的制作方法在第 6 章"5 现状分析的要点（定性分析）"一节中解说过，还请查阅该部分内容。

解决本质问题的方法的反面，就是解决表面问题的方法。为了便于理解，请试想生病时的情景。

终章　企业成功改革制造流程的七大通用法则

图表114上半部分的对话框中展示了疾病的表面症状与发生原因之间的关系。最初，人们将一种缓解疼痛的药物应用于身体的疼痛部位（头痛），但随着时间的推移，它复发了，效果不是很理想。

图表114：解决本质问题的方法

表面症状		发生原因
头疼		心理与精神上的负担
交货延期		以订单为导向的方针政策 接收客户定制类订单过多
↑ 解决表面问题的方法		解决本质问题的方法

经研究表明，头痛的真正原因是工作压力导致的心理与精神上的负担。后来通过减轻压力的方法，头痛逐渐好转。在该示例中，前者是解决表面问题的方法，后者是解决本质问题的方法。

• 找出问题的真正原因

举一个制造业的示例。图表114下半部分的对话框的示例是基于制造业的案例制作的，其出现了"交货达成率低、客户投诉多"的问题。

针对这一问题，企业直接采取了"加强过程周期管理"的措施，交货达成率得以改善。但是加班时间和人手的增加带来了企业综合成本的上涨，最终并没有给企业带来实质性的改善。从结果来看，企业解决的只是表面问题而已。

无法遵守过程周期期限的原因是该企业过于重视接单，忽略了企业自身的承受能力，完全是按客户要求的规格接收订单。这就是所谓的推销模式，会出现很多客户定制类订单。

因此，该企业要做的，是整理出本企业的标准规格和可选规格，尽可能地推荐客户选择这些规格，并对销售部门进行与接单相关的培训和实践指导。虽然这样做需要花费一定的时间，但是定制设计的数量会逐渐减少，能够在不增加工作时间外的劳动成本的情况下提高交货达成率。

对该示例而言，加强过程周期期限管理是一种解决表面问题的方法，而找出交货达成率低的本质原因、将原有的销售模式转变成提案型销售是解决本质问题的方法。

综上，企业成功实现制造流程改革的第二条通用法则是看清问题结构，找出问题的真正原因，解决本质问题。

法则3　落实量化成功标准和结果指标的时间节点式管理

成功企业善于管理量化的成功标准和时间节点。

● 在时间节点上标明数值目标和达成时间

成功实现制造流程改革的企业都会设定量化的成功标准。他们彻底执行的目标管理中不仅包含最终目标，还包含时间节点目标。

下面介绍几个设定量化的成功标准的示例。

（示例1）

- 目的：缩短从接单到发货的过程周期，以增加新兴国家的销售额。
- 成功标准：产品开发周期较现有水平缩短30%，新兴国家的销售额提高30%；达成时间设定在两年后。

（示例2）

- 目的：在全公司范围内对产品开发流程进行标准化，以降低技术系统的IT运营成本。
- 成功标准：产品开发流程的标准化率达到90%，全公司技术系统的 IT 运营成本降低 30%；达成时间设定在三年后。

（示例 3）
- 目的：在全公司范围内对测试流程进行标准化，以减少质量缺陷。
- 成功标准：测试流程的标准化率达到 80%，质量缺陷成本较现有水平降低 30%；达成时间设定在两年后。

总之，量化的成功标准中都明确记录了具体的数值目标和达成时间。

图表 115 是制定实现目标的产品路线图的示例，以全公司 IT 运营成本的降低率为 KPI（关键绩效指标）。其中不仅设定了最终目标，还设定了时间节点。如果成功标准的达成时间是在三年后，那么时间节点就是每一年。

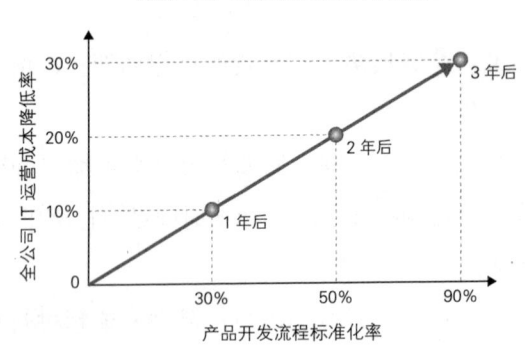

图表 115：结果指标的时间节点管理

在该示例中，项目负责人除了上述 KPI 之外，还要设置一个更加详细的各项 KPI，并按月向项目参与者报告进度情况。可以说，这份报告不仅重视定性内容（与活动内容相关的进展），而且重视定量的进度情况（目标实现的程度）。

● 设定量化成功标准

顺便提一下，设定量化成功标准也存在副作用。随着时间的推移，制造流程改革项目会变得更加复杂。任务被细分后，课题和决策事项会相应地呈指数型增长。此外，综合考虑多种因素作出决策的情况也将越来越多。例如，在构建 BOM 系统的过程中，如果将客户需求直接创建到定制系统中，成本会不断增加。但也有人会通过参考此类案例判断满足客户需求的程度，在实践中不断进步。

项目负责人需要在此期间进行各种不同的判断。判断错误可能会导致目标偏离，而过于依赖判断可能会直接导致项目失败（超期、超预算等）。回到量化的成功标准，思考什么是实现成功标准的最短距离、应该优先考虑什么，可以有效降低判断失误的风险。

综上，企业成功实现制造流程改革的第三条通用法则是量化成功标准、彻底执行时间节点式管理。

4

法则4 创建加速决策的执行机制

项目的机制决定着决策的速度和改革的程度。

● 提前设计和准备

成功实现制造流程改革的企业具备快速决策的能力。法则4将揭示迅速进行决策的因素。

想必各位读者都有过类似的经历：很多项目在做决策和进行调整的过程中会花费很多时间，其中存在各种原因，如企业内部的协调需要时间、各部门之间的意见不一致、没有时间向决策者解释、准备推进决策的材料需要时间等。

在跨部门、全球整体优化的情况下作出决策的时间，要比部门内部的课题用时更长，因为企业需要为执行最佳课题项目提前进行设计，配备快速决策的机制。

例如，将2D图纸出图转变为3D图纸单独出图[①]的改革项目就属于跨部门的课题项目。

[①] 3D图纸单独出图：在3D模型上标注尺寸、公差、完成记号、标题栏信息等；2D图纸上同样的信息转到3D模型上，能够独立发挥图纸的功能。

终章　企业成功改革制造流程的七大通用法则

某企业的采购部门曾经只使用 2D 图纸向供应商下单并进行验收，且制造部门还会用 2D 图纸比照订单进行检验。如今，该企业决定让采购部门使用 3D 独立图向供应商下单，并由制造部门使用 3D 图纸单独出图进行加工、组装和检验。

改变开发部门的输出方式会影响制造相关部门和供应商。如果在本项目的机制中没有制造部门、采购部门以及主要供应商参与，那么委托进行影响分析和调整对策方针将会花费大量的时间。

再举一个例子。为了在全球范围内实现零件的标准化、优化库存，需要在全球重新定义零件编码规则，这也是一个跨部门（跨企业）的项目。更改零件编码规则时，需要在整个企业内部保持一致。由于在设计部门发布的物料清单中列出的零件编码会发生变化，因此接收它们的部门需要进行与之相匹配的影响分析，并对新的编码进行运用变更。

如果项目在机制和权限设置不充分的情况下启动，那么每次出现问题时，项目负责人和业务部门人员就要在部门之间不断进行协调，反复讨论，努力说服其他部门。这样就浪费了大量的时间。

• 与改革范围相对应的机制和权限

那么，获得成功的企业是如何加速决策的呢？答案其实很简单：提前配备与改革范围相对应的机制和权限。

图表116是构思企划阶段的机制、作用和责任的示例。在该示例中，构建机制主要是为了预测变革对整个企业或集团产生的影响。冲突不仅会在部门之间发生，还会在企业内部发生。项目负责人是董事会成员，他们可以协调、解决这些问题，并且确定项目整体的最佳方向。此外，该企业还成立了 CFT（Cross Functional Team，交叉功能团队），以解决跨部门的问题。其将相关部门的关键人员分配到这个团队中，让他们在了解本部门限制的基础上讨论并提出一个能够实现企业整体利润最大化的解决方案。

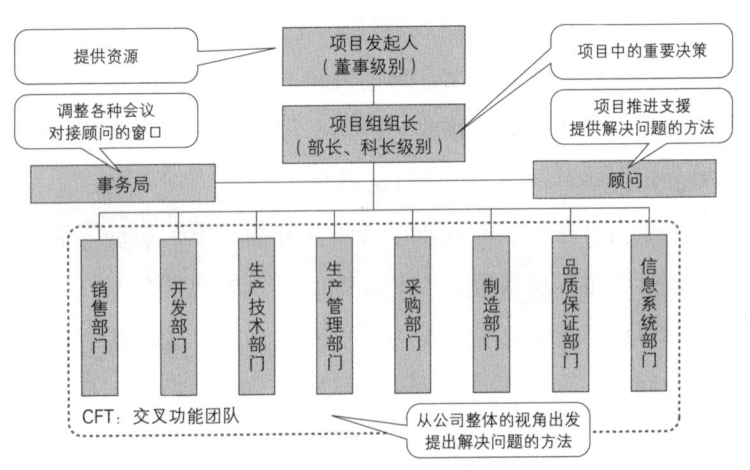

图表 116：构思企划阶段的机制、作用和责任的示例

执行阶段的机制示例如图表117所示。构思企划阶段的结果中明确了多种解决方案。为了将这些解决方案付诸实践，该企业成立了三个工作组（以下简称"WG"）。在该示例中，

终章　企业成功改革制造流程的七大通用法则

WG1 通过模块化设计和生产实现了订单规格的标准化（销售、开发、生产技术部门共同参与）；WG2 通过实现模块化生产成功进行了生产流程改革（生产技术、制造等多个部门共同参与）；WG3 负责重新审视并支持上述工作的信息系统（开发、信息系统部门等共同参与）。WG 组长在各个 WG 的任务执行中享有决策权限。项目组组长的作用和责任在构思企划阶段中不会发生显著变化，但跨工作组的决策是主要关注点。通过构建这样的机制，可以将构思企划阶段思考出来的解决方案落实到实际操作的新业务流程中。

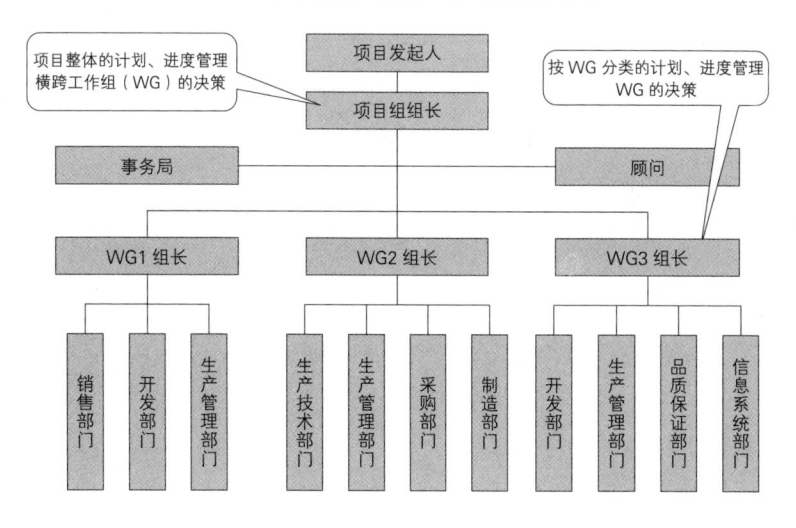

图表 117：执行阶段的机制、作用和责任的示例

```
        项目整体的计划、进度管理                              按 WG 分类的计划、进度管理
        横跨工作组（WG）的决策    ──→  项目发起人  ←──       WG 的决策
                                        │
                                     项目组组长
                                        │
              ┌─────────────────────────┼─────────────────────────┐
           事务局                                              顾问
              │                         │                         │
         ┌────┴────┐             ┌──────┴──────┐           ┌──────┴──────┐
       WG1 组长                  WG2 组长                  WG3 组长
         │                         │                         │
    ┌──┬─┴─┬──┐           ┌──┬──┬─┴─┬──┐            ┌──┬──┬─┴─┬──┐
   销售 开发 生产          生产 生产 采购 制造         开发 生产 品质 信息
   部门 部门 管理          技术 管理 部门 部门         部门 管理 保证 系统
        部门 部门          部门 部门                        部门 部门 部门
```

令人惊讶的是，很多项目的决策机制准备得并不充分，企业却秉着"走一步看一步"的想法启动了项目，以致最终卡在了执行阶段无法推进。建议读者重新审视执行的机制和权限，

253

在其健全的前提下启动项目。

成功实现制造流程改革的企业已经建立了一个能够快速进行决策的讨论机制，并会在构思企划阶段就让各部门的关键人员参与进来。这就是企业成功实现制造流程改革的第四条通用法则。

5

法则 5　经营层要保持对改革的兴趣

经营层对项目的参与期限是一年半。

• 让经营层保持强劲的领导力

　　成功实现制造流程改革的企业，其经营层在制造流程改革中的参与度往往很高。如果是部门内部的改善任务，那么有部门经理的参与就足够了。但如果是跨部门的制造流程改革，就需要策划、设计、采购、制造等部门的共同参与。在这种情况下，如果经营层没有强劲的领导力，项目将很难成立。当然，在整个企业的项目中，应该指定经营层的领导干部为项目发起人。

　　一个跨部门的制造流程改革项目很难在短短 3 个月左右的时间内拿出成果并确立项目流程。例如，构思企划阶段需要 3 个月，准备和试用需要半年，从项目过渡到确定流程又需要半年。也就是说，至少需要一年半的时间才能开始看到一定的成果。在大多数的成功企业中，其经营层会在一年半的时间内耐心地关注项目，并持续支持它。

在改革动力不足的企业中，经营层的参与程度往往是在逐渐下降的。从构思企划阶段启动开始到最终报告会落幕，经营层会亲自参与，进行开幕致辞和会议结束的讲评。但是一旦进入执行阶段，其参加项目进度报告会的频率就会开始下降，甚至逐渐淡出报告会。之所以出现这样的问题，很大一部分原因是经营层工作非常繁忙，且项目的复杂性和细化的部分过多。但是员工和项目组对经营层投入改革工作的时间是很敏感的，它会影响项目的推进力。

● 参与期限是一年半

根据以往的经验，我推断经营层参与项目所需的时间为一年半（图表118）。这是一个新的制造流程从规划到建立，能够在一定程度上见到结果的期限。在这段时期内，即使经营层不参与，项目也能独立进行。不足一年半或者超过一年半，都无法保持项目组的积极性。

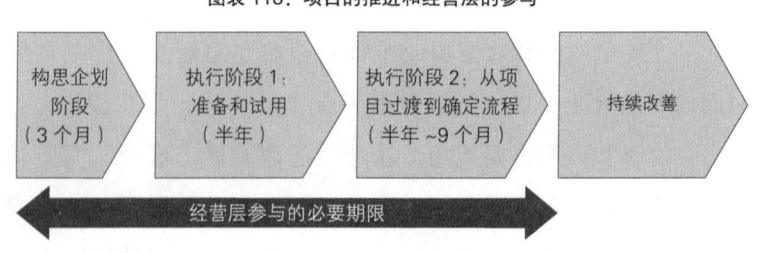

图表118：项目的推进和经营层的参与

| 构思企划阶段（3个月） | 执行阶段1：准备和试用（半年） | 执行阶段2：从项目过渡到确定流程（半年~9个月） | 持续改善 |

经营层参与的必要期限

启动改革项目时，我使用图表119的示例讲述了改革项目中的三大要素。其中，第一大要素是"高层管理人员的决策与可持续性"。我认为，能否做到这一点，将对项目决策的速度以及项目改革落实的程度产生重大影响。

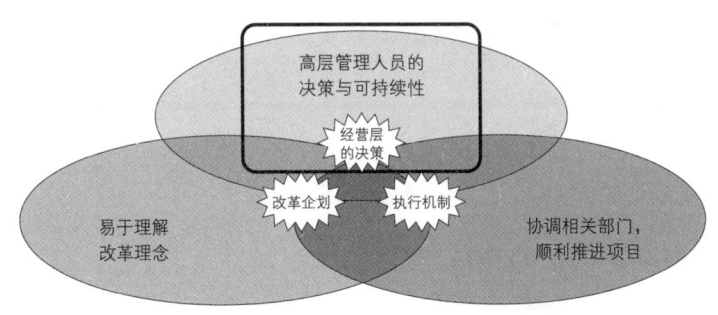

图表119：改革项目中的三大要素（经营层）

综上，成功企业的第五条通用法则是：经营层参与制造流程改革项目要持续一段时间。

6

法则6　事务局要促进部门之间的协调

项目的成功与事务局密切相关。其中的秘诀是什么？

• 扮演协调员的角色

日本的制造业按职能组织类别进行纵向划分的倾向很强，不善于协调部门之间的关系、解决冲突。在成功实现制造流程改革的企业中，事务局担任此职能并在项目中发挥着娴熟的协调作用。提起日语中的"事务局"一词，人们很难联想到它的职能和作用。事实上，它和英文中的"Coordinator"一词相对应，可以翻译成"协调员"或者"总管"。

事务局的作用和职责基本上是协调定期会议和解决各种问题的临时会议，以及成为对外联络的窗口（顾问或系统供应商）。如图表120所示，事务局在必要时要负责联系项目组组长、工作组人员、顾问和系统供应商，即要和所有的项目组成员保持适当的联络，并在他们之间进行协调，发挥快速解决问题的协调作用。如果需要考虑企业整体的意见，那么事务局要直接与项目发起人协调，促进问题的解决。

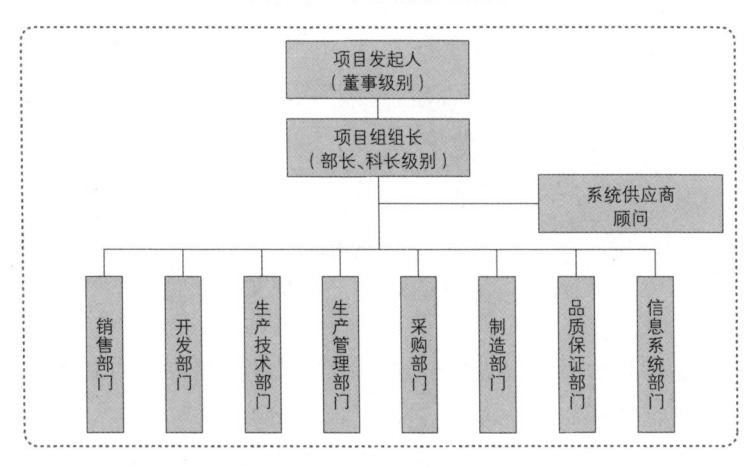

终章　企业成功改革制造流程的七大通用法则

图表120：事务局的协调范围

```
                    项目发起人
                   （董事级别）
                        │
                    项目组组长
                （部长、科长级别）────── 系统供应商
                        │                  顾问
    ┌────┬────┬────┬────┼────┬────┬────┬────┐
   销售  开发  生产  生产  采购  制造  品质  信息
   部门  部门  技术  管理  部门  部门  保证  系统
              部门  部门              部门  部门
```

● 充分利用逻辑和政治力量

成功的企业会选拔出优秀的人才并将其分配到事务局。一旦改革项目开始推进，项目发起人、项目组组长、工作组之间就会产生微妙的意识差距和认知差距，这会阻碍项目和决策的顺利推进。在某些情况下，甚至会出现错误的决定。

图表121和图表119相似，强调了改革项目中的三大要素之一——"协调相关部门，顺利推进项目"。一个成功企业的事务局在决策延迟时会精准判断出需要协调的部门和解决问题的方法，能够安排和引导相关人员直到问题全部解决。其反应是十分迅速的。

我曾听到某改革项目的负责人说过这样一句话："项目成功需要逻辑和政治力量。"所谓逻辑，就是从逻辑层面进行解释说

259

图表121：改革项目中的三大要素（事务局的作用）

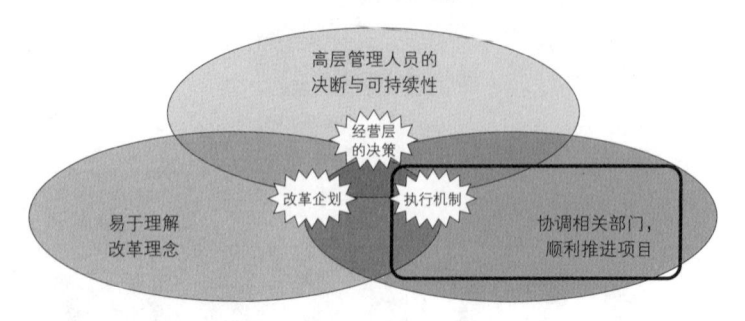

高层管理人员的
决断与可持续性

经营层
的决策

改革企划　执行机制

易于理解
改革理念

协调相关部门，
顺利推进项目

明。所谓政治力量，是指一种充分利用自己和对方的立场，巧妙处理事情的能力。这是一种非常贴切的表达方式，一个成功企业的事务局往往拥有这种能力，而且能够在项目中付诸实践。事务局要促进部门之间的协调，这是企业成功进行制造流程改革的第六条通用法则。

法则7　定期、持续发布改革信息

成功的项目会定期在企业内部发布信息。

最后一条法则是"定期、持续发布改革信息"。成功的企业会在项目运行期间（因情况而定，也可能是在项目结束后）定期举行面向企业全体员工的报告会。报告频率多为三个月一次。

我认为成功企业的信息发布具有以下意义。

• 让员工拥有持续产出成果的意识

报告会是一项会给演讲者带来压力、需要花时间进行准备的工作。同时，它也能让更多的人了解演讲者负责的工作内容，激发其工作的热情。此外，演讲者还要在报告会的最终总结中说明接下来三个月的项目工作计划和下一次报告会的时间。

将上一次报告会中的承诺付诸实践、汇报结果，然后向全体员工宣布并承诺下一步要做什么。重复以上动作，能持续推进项目改革的进程。

图表122是模块化设计导入项目的示例。该项目的目标之

一是每三个月获得一定的成果，在企业内部举行报告会，公示进度。

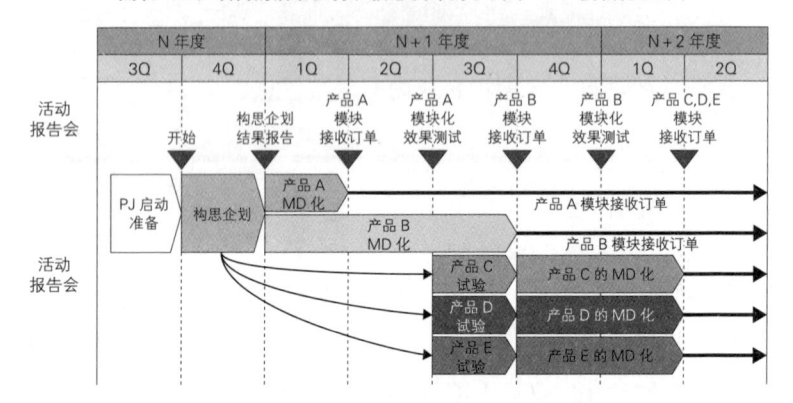

图表 122：项目的活动任务和信息发布的示例（MD：模块化设计）

该项目中，构思企划阶段在项目启动后的三个月内完成，由项目负责人在报告会上向同事公示项目进展。三个月后，项目负责人在报告会上宣布收到了第一个产品 A 的模块订单（标准规格的订单）。在接下来的三个月，项目负责人在报告会上宣布了产品 A 的模块化效果的验证结果（从接收订单到出图的过程周期的削减率）。又过了三个月，项目负责人在报告会上宣布收到了产品 B 的模块订单，以此类推。

这种企业内部的信息发布活动可以激发项目成员的工作积极性，成为项目的驱动力。

• 定期总结活动内容，纠正项目方向

项目周期越长，越难客观地确定项目状态、注意到项目正朝着错误的方向推进。图表 123 所示的示例就属于这种情况。

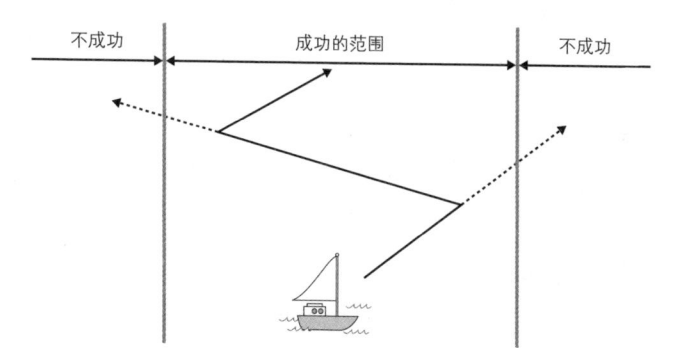

图表123：逐步确认并纠正项目方向的示意图

在我的印象中，项目成功不是一个点，而是一个范围。只要在这个成功的范围内，一边控制，一边顺利抵达终点即可。但是当我们无法客观地确定项目情况时，项目进展的方向就会出现偏差。很多项目成员明明处于不成功的区域内，自己却浑然不知。

定期总结报告资料可以获得两种效果：一是能够客观地意识到项目当前所处的位置；二是可以根据不同情况纠正项目方向。

- **激发听取报告的员工对改革和改善项目的热情**

　　制造流程改革并非只提高项目成员的工作积极性。假设有一名未参与项目的员工参加了某个项目的成果报告会。由于是同一家企业的内部报告会，所以该员工能够针对报告的内容提出深入的问题和建议。而且，改善案例还能运用到其自己的业务工作中。信息发布能在企业内部横向展开成果，激发员工对改善工作的热情。

　　反之，许多企业未能发布信息，改革活动也是虎头蛇尾，任由改革趋于形式化。企业要做的不是半途而废的失败的改革，而是能够螺旋上升的改革。

　　定期发布项目信息有助于防止改革活动形式化，推动项目发展。这是成功企业的第七条通用法则。

8 七大通用法则的自行检查建议

重新确认自己负责的项目，制作信息核对表。

• 意外发现没有执行的通用法则

很多人认为，本章概述的成功的七大通用法则（图表124）早已人尽皆知。但现实是，由于未能实施七大通用法则中的某几条，项目进展不顺利的情况时有发生。身为企业顾问，我在为改革项目提供建议时会事先逐一确认这些要点。毫不夸张地说，单凭这样一个简单的诊断，就能大致预测出项目能否成功。

图表124：改革项目成功的七条通用法则的核对表

□ 法则1　有明确的改革理念
□ 法则2　找出解决本质问题的方法
□ 法则3　落实量化成功标准和结果指标的时间节点式管理
□ 法则4　创建加速决策的执行机制
□ 法则5　经营层要保持对改革的兴趣
□ 法则6　事务局要促进部门之间的协调
□ 法则7　定期、持续发布改革信息

无论制定多么完美的改革理念，只要执行机制不够完善，成功率就会很低。此外，即便执行机制非常完善，只要未能分析出问题的真正原因，就很难获得成果。所以，只需确认这些要点，就能大致预测出项目未来能否成功。

如果你是项目组组长或者事务局的相关人员，请再次进行自我检查。

"精益制造"专家委员会

齐二石　天津大学教授（首席专家）

郑　力　清华大学教授（首席专家）

李从东　暨南大学教授（首席专家）

江志斌　上海交通大学教授（首席专家）

关田铁洪（日本）　原日本能率协会技术部部长（首席专家）

蒋维豪（中国台湾）　益友会专家委员会首席专家（首席专家）

李兆华（中国台湾）　知名丰田生产方式专家

鲁建厦　浙江工业大学教授

张顺堂　山东工商大学教授

许映秋　东南大学教授

张新敏　沈阳工业大学教授

蒋国璋　武汉科技大学教授

张绪柱　山东大学教授

李新凯　中国机械工程学会工业工程专业委员会委员

屈　挺　暨南大学教授

肖　燕　重庆理工大学副教授

郭洪飞　暨南大学副教授

毛少华　广汽丰田汽车有限公司部长

金　光	广州汽车集团商贸有限公司高级主任
姜顺龙	中国商用飞机责任有限公司高级工程师
张文进	益友会上海分会会长、奥托立夫精益学院院长
邓红星	工场物流与供应链专家
高金华	益友会湖北分会首席专家、企网联合创始人
葛仙红	益友会宁波分会副会长、博格华纳精益学院院长
赵　勇	益友会胶东分会副会长、派克汉尼芬价值流经理
金　鸣	益友会副会长、上海大众动力总成有限公司高级经理
唐雪萍	益友会苏州分会会长、宜家工业精益专家
康　晓	施耐德电气精益智能制造专家
缪　武	益友会上海分会副会长、益友会/质友会会长

东方出版社

广州标杆精益企业管理有限公司

东方出版社助力中国制造业升级

书 名	ISBN	定 价
精益制造001：5S推进法	978-7-5207-2104-2	52元
精益制造002：生产计划	978-7-5207-2105-9	58元
精益制造003：不良品防止对策	978-7-5060-4204-8	32元
精益制造004：生产管理	978-7-5207-2106-6	58元
精益制造005：生产现场最优分析法	978-7-5060-4260-4	32元
精益制造006：标准时间管理	978-7-5060-4286-4	32元
精益制造007：现场改善	978-7-5060-4267-3	30元
精益制造008：丰田现场的人才培育	978-7-5060-4985-6	30元
精益制造009：库存管理	978-7-5207-2107-3	58元
精益制造010：采购管理	978-7-5060-5277-1	28元
精益制造011：TPM推进法	978-7-5060-5967-1	28元
精益制造012：BOM物料管理	978-7-5060-6013-4	36元
精益制造013：成本管理	978-7-5060-6029-5	30元
精益制造014：物流管理	978-7-5060-6028-8	32元
精益制造015：新工程管理	978-7-5060-6165-0	32元
精益制造016：工厂管理机制	978-7-5060-6289-3	32元
精益制造017：知识设计企业	978-7-5060-6347-0	38元
精益制造018：本田的造型设计哲学	978-7-5060-6520-7	26元
精益制造019：佳能单元式生产系统	978-7-5060-6669-3	36元
精益制造020：丰田可视化管理方式	978-7-5060-6670-9	26元
精益制造021：丰田现场管理方式	978-7-5060-6671-6	32元
精益制造022：零浪费丰田生产方式	978-7-5060-6672-3	36元
精益制造023：畅销品包装设计	978-7-5060-6795-9	36元
精益制造024：丰田细胞式生产	978-7-5060-7537-4	36元
精益制造025：经营者色彩基础	978-7-5060-7658-6	38元
精益制造026：TOC工厂管理	978-7-5060-7851-1	28元

书　名	ISBN	定价
精益制造027：工厂心理管理	978-7-5060-7907-5	38元
精益制造028：工匠精神	978-7-5060-8257-0	36元
精益制造029：现场管理	978-7-5060-8666-0	38元
精益制造030：第四次工业革命	978-7-5060-8472-7	36元
精益制造031：TQM全面品质管理	978-7-5060-8932-6	36元
精益制造032：丰田现场完全手册	978-7-5060-8951-7	46元
精益制造033：工厂经营	978-7-5060-8962-3	38元
精益制造034：现场安全管理	978-7-5060-8986-9	42元
精益制造035：工业4.0之3D打印	978-7-5060-8995-1	49.8元
精益制造036：SCM供应链管理系统	978-7-5060-9159-6	38元
精益制造037：成本减半	978-7-5060-9165-7	38元
精益制造038：工业4.0之机器人与智能生产	978-7-5060-9220-3	38元
精益制造039：生产管理系统构建	978-7-5060-9496-2	45元
精益制造040：工厂长的生产现场改革	978-7-5060-9533-4	52元
精益制造041：工厂改善的101个要点	978-7-5060-9534-1	42元
精益制造042：PDCA精进法	978-7-5060-6122-3	42元
精益制造043：PLM产品生命周期管理	978-7-5060-9601-0	48元
精益制造044：读故事洞悉丰田生产方式	978-7-5060-9791-8	58元
精益制造045：零件减半	978-7-5060-9792-5	48元
精益制造046：成为最强工厂	978-7-5060-9793-2	58元
精益制造047：经营的原点	978-7-5060-8504-5	58元
精益制造048：供应链经营入门	978-7-5060-8675-2	42元
精益制造049：工业4.0之数字化车间	978-7-5060-9958-5	58元
精益制造050：流的传承	978-7-5207-0055-9	58元
精益制造051：丰田失败学	978-7-5207-0019-1	58元
精益制造052：微改善	978-7-5207-0050-4	58元
精益制造053：工业4.0之智能工厂	978-7-5207-0263-8	58元
精益制造054：精益现场深速思考法	978-7-5207-0328-4	58元
精益制造055：丰田生产方式的逆袭	978-7-5207-0473-1	58元

书　　名	ISBN	定　价
精益制造056：库存管理实践	978-7-5207-0893-7	68元
精益制造057：物流全解	978-7-5207-0892-0	68元
精益制造058：现场改善秒懂秘籍：流动化	978-7-5207-1059-6	68元
精益制造059：现场改善秒懂秘籍：IE七大工具	978-7-5207-1058-9	68元
精益制造060：现场改善秒懂秘籍：准备作业改善	978-7-5207-1082-4	68元
精益制造061：丰田生产方式导入与实践诀窍	978-7-5207-1164-7	68元
精益制造062：智能工厂体系	978-7-5207-1165-4	68元
精益制造063：丰田成本管理	978-7-5207-1507-2	58元
精益制造064：打造最强工厂的48个秘诀	978-7-5207-1544-7	88元
精益制造065、066：丰田生产方式的进化——精益管理的本源（上、下）	978-7-5207-1762-5	136元
精益制造067：智能材料与性能材料	978-7-5207-1872-1	68元
精益制造068：丰田式5W1H思考法	978-7-5207-2082-3	58元
精益制造069：丰田动线管理	978-7-5207-2132-5	58元
精益制造070：模块化设计	978-7-5207-2150-9	58元
精益制造071：提质降本产品开发	978-7-5207-2195-0	58元
精益制造072：这样开发设计世界顶级产品	978-7-5207-2196-7	78元
精益制造073：只做一件也能赚钱的工厂	978-7-5207-2336-7	58元
精益制造074：中小型工厂数字化改造	978-7-5207-2337-4	58元
精益制造075：制造业经营管理对标：过程管理（上）	978-7-5207-2516-3	58元
精益制造076：制造业经营管理对标：过程管理（下）	978-7-5207-2556-9	58元
精益制造077：制造业经营管理对标：职能管理（上）	978-7-5207-2557-6	58元
精益制造078：制造业经营管理对标：职能管理（下）	978-7-5207-2558-3	58元
精益制造079：工业爆品设计与研发	978-7-5207-2434-0	58元
精益制造080：挤进高利润医疗器械制造业	978-7-5207-2560-6	58元
精益制造081：用户价值感知力	978-7-5207-2561-3	58元
精益制造082：丰田日常管理板：用一张看板激发团队士气	978-7-5207-2688-7	68元
精益制造083：聚焦用户立场的改善：丰田式改善推进法	978-7-5207-2689-4	58元

书　名	ISBN	定　价
精益制造084：改善4.0：用户主导时代的大规模定制方式	978-7-5207-2725-9	59元
精益制造085：艺术思维：让人心里一动的产品设计	978-7-5207-2562-0	58元
精益制造086：交付设计	978-7-5207-2986-4	59.8元

图字：01-2022-1504 号

BOM（Buhinhyou）Saikouchiku no Gijutsu
by Susumu Mikawa
Copyright © 2018 Susumu Mikawa
Simplified Chinese translation copyright © 2023 Oriental Press,
All rights reserved
Original Japanese language edition published by JMA Management Center Inc.
Simplified Chinese translation rights arranged with JMA Management Center Inc.
through Hanhe International (HK) Co., Ltd.

图书在版编目（CIP）数据

用 BOM 整合供应链生态 /（日）三河进 著；赵婉琳 译. —北京：东方出版社，2023.1
（精益制造；087）
ISBN 978-7-5207-2968-0

Ⅰ.①用… Ⅱ.①三… ②赵… Ⅲ.①供应链管理—研究 Ⅳ.①F252.1

中国版本图书馆 CIP 数据核字（2022）第 161724 号

精益制造 087：用 BOM 整合供应链生态
（JINGYI ZHIZAO 087: YONG BOM ZHENGHE GONGYINGLIAN SHENGTAI）

作　　者：	[日] 三河进
译　　者：	赵婉琳
责任编辑：	吕媛媛
责任审校：	金学勇　孟昭勤
出　　版：	东方出版社
发　　行：	人民东方出版传媒有限公司
地　　址：	北京市东城区朝阳门内大街 166 号
邮　　编：	100010
印　　刷：	北京明恒达印务有限公司
版　　次：	2023 年 1 月第 1 版
印　　次：	2023 年 1 月第 1 次印刷
开　　本：	880 毫米×1230 毫米　1/32
印　　张：	9
字　　数：	172 千字
书　　号：	ISBN 978-7-5207-2968-0
定　　价：	59.80 元

发行电话：(010) 85924663　85924644　85924641

版权所有，违者必究

如有印装质量问题，我社负责调换，请拨打电话：(010) 85924602　85924603